本书为《运动员积极心理资本的构成要素及提升策略研究》项目，天津市哲学社会科学规划2016年度项目TJTY16-014。

天津市哲学社会科学规划研究项目

运动员积极心理资本的
结构、测量、价值及开发研究

张连成 著

天津出版传媒集团
天津人民出版社

图书在版编目(CIP)数据

运动员积极心理资本的结构、测量、价值及开发研究/
张连成著. -- 天津:天津人民出版社,2021.6
ISBN 978-7-201-17463-1

Ⅰ.①运… Ⅱ.①张… Ⅲ.①运动员—体育心理学—
研究 Ⅳ.①G804.87

中国版本图书馆CIP数据核字(2021)第131888号

运动员积极心理资本的结构、测量、价值及开发研究

YUNDONGYUAN JIJI XINLI ZIBEN DE JIEGOU、CELIANG、JIAZHI JI KAIFA YANJIU

出　　版	天津人民出版社	
出 版 人	刘　庆	
地　　址	天津市和平区西康路35号康岳大厦	
邮政编码	300051	
邮购电话	(022)23332469	
电子信箱	reader@tjrmcbs.com	

责任编辑	李　荣	
装帧设计	汤　磊	

印　　刷	天津新华印务有限公司	
经　　销	新华书店	
开　　本	710毫米×1000毫米　1/16	
印　　张	8.75	
插　　页	1	
字　　数	180千字	
版次印次	2021年6月第1版　2021年6月第1次印刷	
定　　价	68.00元	

导论

　　随着积极心理学的兴起，人们不再仅仅关注心理疾病的治疗方面，而是更加重视对个体内在积极潜力的认识与开发，进而帮助人们过上更加幸福、更加有意义的生活，寻求更好的职业发展等。基于积极心理学研究范式，积极心理资本理论得以产生、发展和应用。基于积极心理学研究范式，积极心理资本理论关注人的自我效能、希望、乐观和韧性等积极特质，这些特质促使个体实施积极的行为并产生良好的绩效。因此，心理资本已经成为继人力资本、社会资本之后，影响个体职业胜任力和职业成功的重要因素（周文霞，谢宝国，辛迅，等2016）。积极心理资本对运动员的训练比赛、幸福生活和职业发展等均具有一定的价值。积极心理资本理论的提出也为运动员的心理咨询与心理训练提供了良好的思路。通过建构、培养、开发运动员的积极心理资本，从而进一步帮助运动员提高生活质量，促使其在职业发展中取得更好的成绩便是具有重要价值的课题。

　　本书基于积极心理学的视角，采用定量与定性相结合的研究范式，将积极心理资本的研究扩展到了体育运动领域，通过4个连续的系列研究探讨了运动员积极心理资本的构成、测量、价值及其开发策略。

本书根据我国文化特点和运动员群体特征在原有的积极心理资本结构的基础上，加入符合我国运动员职业群体的积极心理资本要素，建构了我国运动员积极心理资本的要素。即运动员积极心理资本共由5个维度构成，分别是：自我效能、积极乐观、心理韧性、感恩奉献和追求卓越。

根据运动员积极心理资本的5个维度，本书编制了运动员积极心理资本初测量表（50个条目），经过项目分析，形成由30个项目构成的运动员积极心理资本正式量表。其中自我效能维度包含6个项目，积极乐观维度包含5个项目，心理韧性维度包含7个项目，感恩奉献维度包括7个项目，追求卓越维度包括5个项目。经信效度检验发现，运动员积极心理资本量表具有一定的信效度，可以用来作为测量运动员积极心理资本的有效量具。

运动员积极心理资本可以有效预测运动员的心理疲劳、离职意愿和训练比赛满意感，与理论预期方向一致。这表明，积极心理资本是运动员降低心理疲劳，减少离职意愿的有效缓冲器，也是增加训练和比赛满意感的有效途径。

运动员的积极心理资本可以通过特定的策略加以开发，进而促进运动员积极心理资本的提升，为其职业生涯以及终身生活幸福拓展心理资源。

综上，本研究建构了符合我国运动员职业群体的积极心理资本要素，并编制了本土化的运动员积极心理资本量表，探讨了运动员积极心理资本的机制及其开发策略，进而为促进运动员职业的积极发展和幸福生活提供了理论依据和实践参考。这些研究成果在实践层面，将为运动员有效应对训练和比赛中的困境，提高训练和比赛成绩，实现顺利转型，促进其终身发展等提供帮助。

目录 Contents

第一章　引言　1

第二章　已有相关研究评述　7

　　2.1 积极心理资本的概念　7

　　2.2 积极心理资本的结构与测量　9

　　2.3 积极心理资本的价值　14

　　2.4 积极心理资本的干预　18

　　2.5 运动员积极心理资本的研究　22

第三章　本研究的思路　29

第四章　研究1：运动员积极心理资本的结构　31

　　4.1 研究目的　32

4.2 研究方法　32

4.3 研究结果　35

4.4 分析与讨论　38

4.5 小结　47

第五章　研究2：运动员积极心理资本的测量　49

5.1 运动员积极心理资本量表的编制　49

5.2 运动员积极心理资本量表的信效度检验　61

5.3 小结　70

第六章　研究3：运动员积极心理资本的价值　72

6.1 研究目的　72

6.2 研究方法　72

6.3 研究结果　74

6.4 分析与讨论　77

6.5 小结　82

第七章　研究4：运动员积极心理资本的开发　83

7.1 自我效能的开发策略　84

7.2 心理韧性的开发策略　87

7.3 积极乐观的开发策略 90

7.4 感恩奉献的开发策略 93

7.5 追求卓越的开发策略 95

第八章 总结与展望 98

附录1 《运动员积极心理资本》初测量表 101

附录2 《运动员积极心理资本》正式量表 104

附录3 《运动员心理疲劳》量表 106

附录4 《训练比赛满意感》量表 107

附录5 《运动回避倾向》问卷 108

主要参考文献 109

后记 126

第一章 引言

　　随着社会竞争压力的急剧上升，心理疾病的发生开始呈现出多样化和层次化的特点（林岭，2016）。有研究表明，现代人们的心理疾病在早期或者中期时很难被发现，比如，近年来备受关注的运动员心理疲劳问题（张连成，张力为，2010）。同时还有研究发现，和具有心理疲劳的运动员相比，没有心理疲劳的运动员在生理指标上尽管是一样的。但是，如果此时运动员的心理疲劳没有得到及时的、适当的处理和缓解，运动员的心理疲劳会随着外界环境刺激的增加而变得更加严重，最后会出现心理耗竭的症状（Smith，1986）。因此，如何在心理疾病出现之前或发展到无法治愈之前采取有效的预防措施，便是更具实际价值了。

　　随着时代的发展，运动员没有心理问题或消除运动员的心理问题，并不是运动心理学研究的最终目的。在关注运动员成绩表现的同时，还应关注其职业和人生的积极发展，促进运动员积极的情绪体验，获得积极的思维和行为模式，并成为其一生的财富，才是运动心理学的终极目标（林炜鹏，黄艳兰，2012）。随着积极心理学的兴起，人们不再是仅仅关注心理疾病的治疗方面，而是更加重视对个体内在积极潜力的认识与开发，进而帮助人们过上更加幸福、更加有意义的生活，寻求更好的职业发展等（彭欧，黄旭，王钢等，2018）。与传统心理学的研究内容不同的是，积极心理学研究的主要内容是以研究和挖掘人固有的、潜在的、具有建设性的潜力为出发点，促进个人和社会的发展，以及使人类走向幸福为研究目标，这也是对传统心理研究的一个有益的补充。现代心理学的目标不仅是帮助人们解决心理问题，更重要的是发现、认识并培养个体潜在的积极力量。

基于积极心理学研究范式，积极心理资本理论得以产生、发展和应用。基于积极心理学研究范式，心理资本理论关注人的自我效能、希望、乐观和韧性等积极特质，该特质促使个体实施积极的行为并产生良好的绩效，因此心理资本已经成为继人力资本、社会资本之后，影响个体职业胜任力和职业成功的重要因素（周文霞，谢宝国，辛迅等，2016）。积极心理资本这一观念的提出给了我们很好的启示，目前已在管理、教育、咨询等多个领域得到了广泛应用，为企业员工、学校教师等多类人群积极心理资本的开发提供了依据和参考。已有诸多研究表明，积极心理资本在促进个体健康发展、增强个体竞争力、使个体获得良好的职业发展等方面均具有重要的价值（邵建平，张钦华，张建平，2010；王加新，2010；王雁飞，王丽璇，朱瑜，2019；Bayra-moğlu & Şahin，2015；Goldsmith，Veum，& Darity，1997）。目前积极心理资本的实践价值已经超越经济资本、人力资本和社会资本，成为新时期人类发展的第四大资本。不仅如此，还有一些研究者指出，当前各行各业竞争优势的本质在于人的无限潜能，而人的潜能的本质根源就在于人的积极心理资本（蒋苏芹，苗元江，2010）。积极心理资本对个体健康持续发展具有重要影响，这也提示我们需要将积极心理资本的应用范围扩大到不同人群中（王雁飞，朱瑜，2007）。

　　运动员作为一个高竞争压力的群体，不仅要面对社会期望的高压，还要克服训练比赛的单调枯燥，因此可以预期积极心理资本理论对于运动员的训练比赛乃至整个职业发展均具有重要价值。大量的研究表明，在高水平竞技赛场上，运动员技战术水平间的差异性很小，更多的是对运动员心理能力的挑战（张力为，2001）。在对运动员比赛获胜因素的分析中也发现，相比于技战术训练，更多的要归于运动员的心理因素，和普通运动员相比，优秀运动员之间的差距受到积极心理资本的影响更大（张忠秋，2013）。因此，对运动员群体进行积极心理资本的研究具有重要的实践意义。然而，积极心理资本理论在运动心理学领域的研究较为零散，虽然各个维度均在运动心理学的研究有所应用，但完整的积极心理资本理论在运动心理学领域的运用还未出现。那么，直接借鉴国外的积极心理资本理论是否可行呢？国内已有一些研究发现，我国的本土积极心理资本概念具有二阶双因素结构，即事务型积极心理资本和人际型积极心理资本（柯江林，孙健敏，李永瑞，2009）。事务型积极心理资本又包括自信勇敢、乐观希望、奋发进取与坚忍顽强4个二阶因素，人际型积极心理资本包括谦虚沉稳、包容宽恕、尊敬礼让与感恩奉献4个二阶因素。其中，事务型积极心理资本与西方积极心理资本基本相似，人际型积极心理资本则具有本土文化特征（柯江林，孙健敏，李永瑞，2009）。这提示我们，未来研究需要结合我国的文化背景进行积极心理资本领域的研究，尤其是针对具有独特竞技文化特征的运动员群体，可能更需要为其建构针对性的心理资本模型，进而为后续的运动员积极心理资本的测量、开发等提供理论依据。

另外，目前我国使用的测量工具大多来自国外已有量表或根据国外已有量表结合测量人群文化特点进行改编的，如：针对企业员工编制的《心理资本量表（PCQ—24）》，在对不同文化背景下的相同人群进行测量时，大多存在条目语义理解出现差异等方面的问题，这就需要对量表进行往返翻译并进行量表条目的修改；同时也有学者根据国外先进的积极心理资本理论进行本土量表的开发，如：蒋苏芹（2010）编制的《大学生积极心理资本量表》。虽然相关研究结果表明大学生与企业员工的心理资本构成差异不大（都包含希望、自信、乐观、韧性四个基本维度），但是由于两个人群所处的文化背景和所处现实环境的不同，在某些维度上还是存在一些差异（蒋苏芹，2010；温磊，2010）。西方量表在我国文化背景下的这些不适应性和不同人群积极心理资本结构的差异性，提示我们需要针对不同人群进行本土化心理资本测量工具的开发。

目前，积极心理资本在积极组织行为学与心理健康教育领域已经取得了一定的成果，同时也证实了积极心理资本在个体学习生活以及工作中的重要价值所在。但是在运动领域，具有价值的积极心理资本的实证研究并不多，已有的研究大多是关于运动员单个积极心理品质在运动员职业发展中的影响，如：运动员的主观幸福感与运动员目标的实现起到相互促进的作用（王朋飞，2012）。另外也有探讨多个积极心理品质对运动员职业发展的影响，如：谭玉森（2011）对竞技体育后备人才的心理坚韧性、羞怯和自我效能感在运动员职业发展中的作用进行了研究。这些研究结果都表明，运动员的积极心理资本不仅能够帮助运动员获得更好的职业发展，创造优异的运动成绩，同时也对运动员生活和心理健康产生了积极的影响。同时以往的研究也表明，积极心理资本作为一个整体比其单个维度对个体的影响更为显著（李力，廖晓明，2011；Luthans，Avolio，Avey，& Norman，2007），这提示，未来研究不仅要关注运动员某一积极心理资本对运动员职业发展的影响，更需要后续研究对运动员积极心理资本进行整体建构与开发。

综上，积极心理资本对运动员的训练比赛、幸福生活和职业发展等均具有一定的价值。积极心理资本理论的提出也为运动员的心理咨询与心理训练提供了良好的思路。通过建构、培养、开发运动员的积极心理资本，进一步帮助运动员提高生活质量，促使其在职业发展中取得更好的成绩便是具有重要价值的课题。根据积极心理资本理论，我们需要进一步明确运动员积极心理资本的结构，在此基础上研制出科学的测量工具，并进一步探讨积极心理资本的价值所在，最终为运动员建构积极的心理资本提供可操作的方法和措施，进而为促进运动员职业发展和幸福生活等方面提供帮助。因此，本书将采用质化与量化研究范式相结合的思路，通过4项系列研究来分别回答如下4个问题：

第一，运动员积极心理资本的结构，即运动员积极心理资本的构成要素是什么？

第二，如何测量运动员的积极心理资本，即研制符合一定心理测量学要求的运动员积极心理资本测量量表。

　　第三，积极心理资本在运动员训练和比赛中的价值有哪些？即运动员积极心理资本对运动员的心理疲劳、离职意愿、训练比赛满意感等有何影响？

　　第四，如何提升运动员的积极心理资本？即开发与培养运动员积极心理资本的策略有哪些？

第二章
已有相关研究评述

2.1　积极心理资本的概念

积极心理资本（也简称心理资本）是积极心理学的核心研究领域之一。最初，人本主义心理学的主要发起者亚伯拉罕·马斯洛（Abraham Maslow）在他的研究中曾提出将关注点放在个体善良、美德、快乐和乐观这些积极方面，因此积极心理学又被认为是人本主义心理学的产物和衍生。随着二战的爆发，传统病理心理学开始盛极一时。但是由于传统心理学的研究视角过于偏消极化的弊端逐渐浮现，期间也有一些学者提出把研究观点转向个体积极方面，如精神分析理论学者Karen Horney在其后期的研究中就提出要关注培养个体积极的心理品质。

直到20世纪末期，美国心理学学会主席Seligman才确立了积极心理学这一研究领域。从此为心理学界开启了研究的新视角——积极心理学。与传统心理学消极的研究模式不同，积极心理学不仅致力于治疗人类已有的疾病，而且更倾向于关注人自身的积极力量和积极潜力

（张阔，2010）。积极心理学的这一研究新视角正是对传统心理学的有益补充。

Fred Luthans 在积极心理学先进的理论基础上结合组织行为学开创了积极心理资本这一新概念，并把积极心理资本释义为个体在发展过程中表现出来的一种能够促进个体成长和提升绩效的心理资源。有研究发现，在对企业管理人员进行积极心理资本培训后，对他们的表现进行效用分析，积极心理资本的投资回报率可达到270%（Luthans，2007）。这也证实了，在各行各业中，积极心理资本对于发挥员工的绩效起着越来越重要的作用（李超平，2008）。Luthans 等人为了将积极心理资本理论更好的应用到实践中，按照POB标准（积极性、可测量、可开发和可用来提高工作绩效）把自信、希望、乐观、坚韧4种积极心理状态归纳为个体积极心理资本的核心要素。可见，积极心理资本的发展离不开与实践的结合。

随着积极心理资本理论的不断发展，关于积极心理资本属性的研究，学界也存在一定的争议，目前最被广泛认可的有以下三种观点（李斌，马红宇，郭永玉，2014）。

第一种观点是特质（Trait）论，认为积极心理资本是较为稳定的特质。例如，Letcher 和 Niehoof（2004）认为心理资本是作为个体内在特质而存在的，心理资本就等同于人格特质；Cole 等（Cole, Daly, & Mak, 2009）对其观点进行了更细化的定义，认为心理资本是一种可以影响个体产出与行为的人格特质。

第二种观点是状态（State）论，状态论把心理资本视为一种心理状态，具有可改变性。例如，Goldsmith 等（Goldsmith, Veum, & Darity，1997）和 Tettegah（2002）把心理资本定义为是个体在早年生活中形成的自我感知、对工作的态度、伦理取向等相对稳定的心理特征，并由此认为心理资本是指影响个人绩效的反映，个人自我观点或自尊感、支配个人动机和工作态度的特征。

第三种观点则认为心理资本是"类状态"。进入 21 世纪以来，诸多学者通过借鉴以往相关研究与评述，对心理资本的概念做了更进一步的修订与完善，形成了相对统一的界定范畴（李冰，2013）。Luthans 等人在早期的研究中也证实了这一观点，但在后来的研究中 Avlio 等人通过整合以上两种论点，对积极心理资本 4 因素构成成分进行了重新定义，认为每个构成因素属性都应处于特质——状态的连续体上偏向状态的一端，即"类状态"也被称为综合论，是状态类的可测量的心理特征（张阔，张赛，董颖红，2010）。

依据以上研究，本书认为：如果将运动员积极心理资本看成是较为稳定的特质，在某种程度上是否认了积极心理资本的后天可开发性；如果将运动员积极心理资本看成是状态的，那么对积极心理资本的理解又过于偏向个体不稳定性心理因素的研究。因此本书在积极心理资本"类状态论"的理论基础上，对运动员积极心理资本进行研究，认为运动员的积极心理资本既具有一定的稳定性，同时又可以被后天开发和培养。

2.2　积极心理资本的结构与测量

关于积极心理资本的结构以及测量工具目前众说纷纭，莫衷一是，从三维到多维，从一阶到二阶，可谓百花齐放，百家争鸣。本书对已有积极心理资本的结构以及测量工具进行了汇总，主要研究情况如表1所示。

在心理资本的一阶多维模型里，有一阶三维模型，如Luthans和Jensen（2005）认为心理资本包括希望、乐观和韧性构成；Larson（2004）从积极心理学和积极组织行为学出发，通过对74名参与者的研究发现心理资本包含自我效能感、乐观和复原力；一阶四维模型，如Judge（2001）认为心理资本包含自尊、自我效能、控制点、情绪稳定性四个维度，而Luthans等（2007）认为心理资本包含希望、乐观、自我效能、韧性4个维度；一阶五维模型，如Letcher和Niehoof（2004）提出的心理资本包含类似大五人格特质的5个维度（情绪稳定性、外向性、开放性、宜人性、责任性），Page和Donohue（2004）提出的心理资本包含希望、乐观、自我效能/自信、复原力、诚信五个维度等等。通过这些结构模型可以看出，即便是相同的一阶模型，在维度的划分上各学者观点仍不统一。

在心理资本的二阶多维模型里，研究者们也有不同的划分。如Goldsmith等（Goldsmith，Veum，& Darity，1997）提出的心理资本包含自尊和控制点两个方面，自尊包括价值观、社会能力、善良、健康和外貌五个子成分，控制点包括内、外控两个维度；柯江林等（柯江林，孙健敏，李永瑞，2009）将心理资本划分为事务型心理资本（自信勇敢、乐观希望、奋发进取、坚忍顽强）与人际型心理资本（包括谦虚沉稳、包容宽恕、尊敬礼让、感恩奉献），并构建了心理资本的二阶八因素模型。吴伟炯等（2012）构建的心理资本的二阶模型也包括事务型心理资本和人际型心理资本，然而构成要素与柯江林等（2009）

的研究不尽相同，其中事务型心理资本包括希望、乐观和坚韧3个方面，人际型心理资本包括自谦、感恩、利他、情商/情绪智力和信心/自我效能5个方面。上述关于心理资本维度的研究中，西方心理学界普遍认可的是Luthans提出的积极心理资本结构模型（曾劼，2015）。然而，其他学者所提出来的积极心理资本结构观也促进了对积极心理资本研究的发展并提供了独特的解释视角。

本研究认为导致这种情况的原因可能有以下两个方面：一方面是由于在开发测量工具中被施测人群不同；另一方面，即便是相同的被测人群，由于其所处的文化背景和社会管理机制上的不同，会导致其在应对现实问题时的心理能源储备存在一定的差异。因此在对积极心理资本的研究中还应重视文化的影响和人群特点的差异。有研究发现，由于不同人群之间的文化差异和职业背景不同，积极心理资本的构成也会存在一定的差异（柯江林，孙健敏，李永瑞，2009）。在单一文化背景下对被试人群的研究中编制的测量工具代表性越来越低，而目前成熟的心理资本量表和定义维度均源于西方，这与我国独有的历史文化背景和人际交往模式存在很大差异，因此在对我国人群的积极心理资本构成进行研究时，还应对符合我国文化背景的、具有一定信度、效度的心理资本测评量表进行开发。

综上，关于心理资本维度的不同认识，提示研究者需注意两点：一是需要结合具体的研究人群来构建其心理资本的结构。例如，针对农村留守儿童（范兴华等，2015）、青少年学生（叶一舵，方必基，2015）和高校图书馆员（王芳，张辉，2015）等。遗憾的是，还没有专门针对运动员群体建构其心理资本结构的相关研究。二是针对相同被试人群的文化背景以及受到的社会管理机制方面的差异所造成得应对现实问题时的心理资源储备迥异，在对积极心理资本的研究时应注重文化的影响和人群特点。近年来，国内学者在积极心理资本的理论基础上，综合跨文化与本土化研究，解决了积极心理资本结构存在差异的根本原因，即在不同文化背景和职业特点的影响下，人们的积极心理资本存在差异。另外，正如柯江林等（2009）与吴伟炯等（2012）的研究发现，中国文化下的心理资本具有不同于西方人群的结构。

在关注差异的同时，我们也注意到多维结构理论也为积极心理资本理论的本土化研究和跨文化比较提供了新的研究视角（熊猛，叶一舵，2014）。最近十多年来，研究者们已经开始关注不同文化背景下积极心理资本结构的差异，开发策略与探究，并就现有测量工具对不同人群的适用性提出了质疑，并呼吁针对不同人群开发符合其标准的有效测量工具，并对目前存在的测量工具进行有效性的检验（任俊，叶浩生，2006）。

我国运动员所处的文化背景与管理机制的特殊性，也提示我们在对运动员积极心理资本的研究中需要将这些差异性考虑在内。除此之外，运动员与其他群体存在着很大的差异性，一是由于运动员属于长期处于高应激环境下的职业群体，所要承受的压力也异于常人（Gustafsson et al.，2013）。而成为一名优秀的运动员，要面对的竞争就更激烈，这就要求运动员具有承担来自生理和心理上的双重压力和比赛挑战的能力；二是我国特殊的文化特点和管理机制，使我国运动员的积极心理资本与国外运动员在某些方面存在差异，比如：国外运动员多以个人名义或利益参加比赛，而我国运动员代表的不仅是自己更是一个国家。当背负着比赛压力的同时还要面对激烈的竞争和比赛失利等问题时，运动员应该如何建立良好的心理能源并使自己具备良好心理调整能力？这是一个值得深入研究的课题。

　　根据对现有测量工具的查阅，目前并不存在适用于运动员群体的测量工具。同时也由于测量工具的匮乏，在一定程度上导致了对运动员积极心理资本干预或开发措施出现不全面、不科学、不系统等问题。因此，本书在参考以往研究成果的基础上，依据扎根理论，将更多符合POB标准的积极心理资本考虑到运动员这一特殊职业人群中，并编制符合运动员特点的测量工具以对运动员积极心理资本的构成及其价值进行探讨，进而为开发运动员积极心理资本，提高其运动成绩，促进其职业更好的发展奠定基础。

表1　积极心理资本的结构与测量的相关研究

维度	阶数	量表名称	结构要素	研究者及其年份	特性
三维	一阶	积极心理状态量表	希望、乐观、复原力	Luthans等（2006）	综合
三维	一阶	心理资本量表	自我效能感、乐观、复原力	Larson等（2004）	状态
四维	一阶	心理资本评价量表	希望状态、乐观状态、自我效能感、复原力	Jensen（2003）	综合
四维	一阶	核心自我评价构念量表	自尊、自我效能、控制点、情绪稳定性	Judge等（2001）	状态
四维	一阶	心理资本问卷	希望、乐观、自我效能/自信、复原力	Luthans等（2005，2007）	综合
四维	一阶	心理资本问卷	冷静、希望、乐观、自信	惠青山（2009）	综合

（续表）

维度	阶数	量表名称	结构要素	研究者及其年份	特性
四维	一阶	心理资本问卷	自信/自我效能、希望、乐观、坚韧性	Fred Luthans 等（2004）	状态
五维	一阶	大五人格（心理资本）评价量表	情绪稳定性、外向性、开放性、宜人性、责任感	Letcher（2004）	特质
五维	一阶	积极心理资本评价量表	希望、乐观、自我效能/自信、复原力、诚信	Page 和 Donohue（2004）	综合
多维	二阶	心理资本量表	自尊：价值观、社会能力、善良、健康和外貌 控制点：内、外控	Goldsmith 等（1977）	特质
多维	二阶	中国本土心理资本量表	事务型心理资本：希望、乐观、坚韧 人际型心理资本：自谦、感恩、利他、情商/情绪智力和信心/自我效能	吴伟炯等（2012）	综合
多维	二阶	中国本土心理资本量表	事务型心理资本：自信勇敢、乐观希望、奋发进取、坚忍顽强 人际型心理资本：谦虚沉稳、包容宽恕、尊敬礼让、感恩奉献	柯江林等（2009）	综合

注：资料改自李斌，马红宇，郭永玉（2014），王加新（2010）

2.3 积极心理资本的价值

积极心理资本自提出以来，人们便开始关注到积极心理资本的潜在价值。众所周知，积极心理资本作为物质资本、人力资本、社会之本以外的第四大资本，受到了学者和企业家们的广泛关注，其重要原因之一便是心理资本可以进行干预和发展，尤其是对员工绩效有显著影响。例如，Santos、Neto 和 Verwaal（2018）的研究结果表明，文化资本、社会资本和心理资本对个体工作绩效同时具有显著的正向影响。文化、心理和社会资本共同能够解释57%的受访者的个人工作绩效，其中心理资本是主导驱动因素。

此外，很多研究发现，心理资本会影响企业员工的各种态度、行为和组织绩效。Avey等（Avey，Luthans，Smith，& Palmer，2010）的研究探讨了积极心理资本对员工主观幸福感影响的时间变化。通过分析员工的心理资本水平和主观幸福感的纵向变化。结果表明，员工的心理资本与幸福感存在显著相关，更重要的是，心理资本可以解释随着时间的推移，幸福感的变异。Culbertson等（Culbertson，Fullagar，& Mills，2010）探讨了心理资本与员工的幸福与快乐之间的关系。结果表明，每日幸福工作与每日积极情绪和日常生活满意度显著相关，而工作幸福感的变化是由一个人的心理资本预测的。Avey、Luthans和Jensen（2009）对来自不同行业的工作成年人的大样本数据表明，心理资本（效能、希望、乐观和适应力等积极资源）可能是更好地理解压力症状感知变化，以及辞职意图和求职行为的关键，并提出了一些实用的策略，旨在利用和发展员工的心理资本，帮助他们更好地应对工作压力。

Avey、Patera和West（2006）基于积极心理学和积极组织行为学视角，以高科技制造企业为研究对象，探讨积极心理资本如何降低非自愿和自愿旷工水平。根据以往研究，工作满意度和组织承诺是影响员工旷工的重要因素，尤其是自愿旷工。该研究发现，虽然心理资本对自愿旷工的预测作用不如工作满意度和组织承诺那么大，但就其与自愿旷工的关系而言，心理资本是可以预测的。此外，传统的工作满意度和组织承诺与非自愿形式的旷工无关，而心理资本及其组成要素是可以有效预测的。基于本书的研究的结果，我们提出心理资本在预测和控制与非自愿旷工相关的成本方面提供了潜在的重要手段，而非自愿旷工是这个领域的研究通常忽略的一个方面。

Toor 和 Ofor（2010）指出，员工的积极心理资本是组织持续竞争力的重要资源。Abbas 和 Raja（2015）通过对 237 名来自巴基斯坦不同组织的员工进行测量，探讨了心理资本对与管理相关的创新绩效和工作压力的影响。研究结果表明，心理资本与创新工作绩效呈正相关，与工作压力负相关。高心理资本的人比低心理资本的人表现出更多的创新行为。特别地，我们发现高心理资本的个体更有可能在他们的工作场所产生、获得支持和实施新奇的想法。同样，心理资本高的个体报告的工作压力水平比心理资本低的个体要低。Sweetman、Luthans、Avey 和 Luthans（2011）通过对 899 名工作人员的心理资本和创造性绩效进行测量发现，心理资本及其组成部分（即效能、希望、乐观和弹性）作为创造性绩效的有效预测因子。心理资本整体上较 4 个组成要素比更能够预测创造性表现。

Avey、Luthans 和 Youssef（2010）传统观点和最近的研究都支持员工积极性的重要性。然而，在预测工作态度和行为方面，实证分析尚未证明最近被认可的心理资本的潜在附加价值高于更成熟的积极特质。本研究发现，心理资本与外角色组织公民行为正相关，与组织犬儒主义、离职意图和工作场所行为不当负相关。在人口统计学、自我评估、个性、个人—组织和个人—工作匹配等基础上，心理资本仍然可以显著预测上述员工的工作态度和行为。可见，积极心理资本是影响员工工作态度和行为积极性的重要因素，甚至其价值要高于其他成熟的心理特质。还有研究曾经指出，通过开发组织参与者的心理资本，可以提高员工的竞争能力（Luthans，James，& Avey，2010）。研究表明，拥有较高自信、希望、乐观和坚韧性水平的个体，对工作任务的坚持更持久，对当前遇到的问题和逆境表现得更加镇定并忠于职责（Avey，Luthans，Smith，& Palmer，2010）。

　　Avey、Reichard、Luthans 和 Mhatre（2011）对 51 个独立研究（样本总量为12，567名员工）进行元分析发现，心理资本与理想的员工态度（工作满意度、组织承诺、心理健康）、理想的员工行为（公民行为）及多种绩效评估（自我评价、上司评价、目标）之间存在显著正相关，与员工不良态度（玩世不恭、离职意向、工作压力、焦虑）和不良行为（异常）呈显著负相关。该分析为未来的员工人力资源开发提供了较好的理论依据和实践指南，证明对人力资源开发和绩效管理具有开放性。Grover、Teo、Pick、Roche 和 Newton（2018）将心理资本作为个人资源纳入工作需求—资源模型中。该理论认为，心理资本作为个人资源直接影响对工作需求、工作资源和工作结果的感知，或者，心理资本作为个人资源可以调节工作需求和工作资源对结果的影响。该研究通过对401名在澳大利亚医疗保健部门工作的护士的调查，探讨了心理资本、工作需求和资源、心理健康和工作投入之间的关系。研究结果表明，心理资本直接影响人们对工作需求和工作资源的感知，并直接影响幸福感和工作投入的结果。此外，工作需求和工作资源分别在心理资源与幸福感和投入的关系中起中介作用。

　　综上，积极心理资本可以缓解个体的工作压力，改进工作态度，减少旷工等不良工作行为，提高个体的幸福感、创造性，进而积极促进其工作绩效的提升。因此，对心理资本进行有效管理和积极开发具有极其重要的实用价值，这也将是研究运动员积极心理资本的重要原因。

2.4 积极心理资本的干预

心理资本作为物质资本、人力资本和社会资本之外的第四大资本，自提出以来就受到了学者和企业家的广泛关注。心理资本可以进行干预和发展，国内外的一些实证研究表明，心理资本对员工绩效有显著影响。因此，对心理资本的干预具有潜在的现实意义。

积极组织行为学由 Fred Luthans 于 2002 年正式提出，是积极心理学先进的理论与管理学相结合的产物，它具备了积极心理学的基本特征，注重对人类心理优势的开发与管理。积极组织行为学的研究重点是采取积极的方法和发挥员工的心理优势以提高组织的绩效水平。其研究范畴包括自我效能、希望、乐观、主观幸福感、情绪智力等。Fred Luthans 在积极心理学的影响下结合组织行为学理论，首次提出了要将积极心理资本的先进理论与实际应用联系起来，同时提出了对积极心理资本的开发策略（Luthans，James，Avey，Avolio，& Norman，2006）。熊猛和叶一舵（2016）在其研究中指出，积极心理资本超越了人力资本和社会资本，是一种能够被有效开发和管理的资本。同时，积极心理资本干预模型可有效提高个体的心理资本水平。通过对企业员工积极心理资本的测量与开发，使其获得了更好的职业发展，同时为其美满的生活和健康的心理提供了条件（郑立勇，孔燕，2019）。温金梅

（2018）的研究认为，体验式心理健康教育开辟了一条新路径，即通过优化管理者心理资本来维护教师心理的成长。

关于积极心理资本的干预，最早可以追溯到 Luthans 等（Luthans，Avey，Avolio，Norman，& Combs，2006）提出的心理资本发展的微观干预模型，并对心理资本的各个要素提升提出了策略指导。由希望、自我效能、乐观和弹性组成的心理资本，最近成为将积极心理学带到工作场所的核心结构。一个显著的特点是它是类似状态的，因此可以发展提高。为我们对其进行干预提供了可能。Luthans、Avey 和 Patera（2008）的研究采用前测、后测的实验设计（随机分为干预组187例，对照组177例），探讨了短期的集中培训是否可以提高员工积极心理资本。结果发现，高度集中的、2小时的网络培训干预可以开发心理资本，促进员工积极心理资本的提升。

Dello Russo 和 Stoykova（2015）曾对 Luthans 等（Luthans，Avey，Avolio，Norman，& Combs，2006）等的积极心理资本干预模型进行了重复性研究和拓展。研究者在保加利亚对40名学生和专业人士进行了积极心理资本培训，并对心理资本进行了一个月的跟踪评估，以检验培训效果的持久性。统计分析显示，训练后的整体心理资本有显著改善，心理资本的自我效能感、希望感、适应力、乐观感4个维度均有显著改善。值得注意的是，这些改进在一个月内保持稳定，在学生和专业人士的样本中都证明了心理资本训练效果的持久性。这些结果为以后的人力资源开发干预提供了新的知识，也为我们在运动员群体中的应用提供了参考借鉴。

Zhang 等（Zhang，Li，Ma，Hu，& Jiang，2014）以我国234名员

工为样本，采用简易、结构化阅读材料为基础的心理资本干预方案进行了干预，并对其有效性进行了检验。后测结果显示，干预组的心理资本和工作绩效显著提高，而对照组的心理资本和工作绩效则保持不变。这些结果支持了该干预方案的有效性，并证实了心理资本的可塑性。3个月后的复测成绩分析显示，干预组的整体心理资本、希望和工作表现均显著高于前测组；控制组的心理资本和工作绩效的再测成绩均显著低于前测成绩。研究结果表明，这种积极心理资本干预的效果具有持久性。

Harty 等（Harty, Gustafsson, Björkdahl, & Möller, 2016）探讨了员工积极心理资本团体干预的有效性。研究结果表明，一项为期10周的小组干预计划——着重于学习乐观主义——被证明在提高自我效能和工作满意度方面是成功的。团体干预可以提高工作团队成员的积极情绪、自我效能感和工作满意度。在干预6个月后，在项目结束时观察到的积极变化仍然存在。

Rew 等（Rew, Powell, Brown, Becker, & Slesnick, 2017）采用重复测量的准实验前后研究设计，考察街道短期干预对增强无家可归的女性青少年心理资本、减少健康风险行为、实现短期行为目标的可行性和初步效果。研究参与者是80名年龄在18岁到23岁之间、来自不同种族、无家可归的女性。结果发现，干预后，参与者在拒绝酒精、社会联系和药物使用的心理资本、希望、弹性和自我效能感方面有显著改善。干预组参与者较对照组在安全性行为方面拥有更强的自我效能。在后续追踪测试中发现，留在研究中的干预参与者中有82%达到或超过了他们的短期目标。该研究提示，对于无家可归的女性青少年等弱势群体进行心理资本干预，是其抵御危险性行为和药物使用行为的伤害等的有效措施，这需要社会各部门进行推广应用。

Lupşa、Vîrga、Maricuţoiu 和 Rusu（2020）对已有的 41 个心理资本干预实验（总样本量为 3，911）进行了元分析，结果发现，心理资本干预预对所有心理资本变量的总体效果显著但较小（d=0.34，k=41，Z=6.74，p<.05）；对心理资本各变量的单独分析也显示出显著的较小的影响。同时，心理资本干预对幸福感和工作表现的影响也是显著的。这项元分析提示我们，对于心理资本的积极干预不会立竿见影，也不会翻天覆地，但是却极具重要意义。

不仅如此，积极心理资本的干预也被用来治疗一些心理疾病。例如，李艳博，姜颖，赵莹（2017）的研究对妊娠糖尿病伴抑郁患者进行积极心理资本干预发现，干预后实验组在生理职能、社会功能、情感职能、活力、精神健康、总体健康等生活质量及积极心理资本量表的各个维度上得分明显好于对照组患者，并且实验组空腹血糖下降的值大于对照组患者。由此可见，积极心理资本干预可以提高妊娠期糖尿病合并抑郁患者的生活质量。李思瑾，姜红娟，卢家楣（2020）的研究发现，心理资本可以调节孕妇的压力知觉与抑郁关系，提示可以通过提升心理资本来减少孕妇的压力对其抑郁状态的影响。Song、Sun 和 Song（2019）通过一项随机对照试验，评估心理资本干预治疗抑郁症的疗效。将 56 例患者随机分为照护组（CAU）和心理资本干预组（PCI），后者在常规药物治疗的基础上辅以 PCI。在治疗前和治疗后，以及 6 个月的随访中，对参与者的抑郁症状和心理资本进行评估。与对照组相比，PCI 组在治疗前和治疗后心理资本得以显著改善和抑郁症状减少。在6个月的随访期间，改善效果持续存在。以PCI为目标的积极资源干预对抑郁症的治疗可能是有效的。广泛的心理干预主要针对抑郁症的负面症状，而积极资源的不足被系统地忽视了。目前，从积极资源开发的角度对心理资本干预的研究还很少。

然而关于运动员群体积极心理资本的开发策略研究，在研究者所知范围内，仅是针对不同的成分，如心理韧性、自我效能等开展的一些干预与开发，尚没有完整的开发方案。这不仅提示我们需要关注运动员的积极心理资本构建，同时也应建立系统的开发运动员积极心理资本的理念、方案和行动。

2.5 运动员积极心理资本的研究

目前，关于运动员积极心理资本的研究中，主要是两种思路，其一是从积极心理资本的整体视角出发来研究；其二是分别从积极心理资本的各个维度出发探讨运动员的积极心理资本。

2.5.1 运动员积极心理资本的整体研究

Lai 等（Lai，Hsieh，Chang，& Ni，2020）的研究探讨了心理资本对运动员表现及职业发展的影响。该研究以中国台湾800名初中、高中棒球运动员为对象，采用结构问卷进行问卷调查，问卷有效回复率为80.9%。该研究采用验证性因素分析来验证运动员心理资本、运动表现与职业发展的关系。结果表明，心理资本对被试的运动成绩和职业发展均有显著影响。该研究提示，虽然许多棒球运动员梦想成为职业选手，但高强度的训练加上心理压力和伤病可能会增加运动员的倦怠，并可能导致运动员退出并追求其他职业，而以往的心理资本研究结果表明，心理资本对减压有积极的影响。因此，对运动员来说，在职业生涯中管理好自己的心理资本是非常重要的。

Min和Hyun（2019）的研究通过对230名大学生运动员的调查发现，运动员心理资本中的心理弹性、自我效能感和心理技能对感知绩效具有显著正向影响，研究证实了大学生运动员的坚韧性和积极心理资本对大学生运动员感知成绩有直接或间接的影响。Jannah、Mintarto、Nurhasan和Widohardhono（2018）的研究发现，田径运动员的心理资本对其运动表现具有显著影响，能够解释田径运动员竞赛成绩总方差的47.3%。Pang、Li、Pu和Huang（2020）的调查研究发现，心理资本在提高运动成绩和篮球运动员的能力方面具有重要作用，心理资本是心理支持等心理因素影响运动成绩的重要中介变量。由此可见，运动员的积极心理资本是促进运动表现的重要利器。

曾馨莹（2019）的研究发现，运动员的心理资本水平越高，其职业倦怠感越低，职业认同感也越高。邝宏达、徐礼平和李林英（2018）通过质性研究发现，教练的积极心理资本可以积极影响其工作绩效。并且更多的研究则是基于积极心理资本的某一个维度来进行研究的，例如，乐观、韧性、自我效能、感恩等，缺少对运动员积极心理资本整体的研究。Suseno和Gengatharen（2018）将运动员的自我效能感、希望、乐观和韧性等心理资本作为影响运动员整体品牌形象的重要影响因素进行探讨，认为其与人力资本、社会资本和领导资本一同是影响运动员整体品牌形象的各种资本形式。陈建玮（2018）的研究发现，积极心理资本中的自我效能、心理韧性与希望可以正向预测运动表现，心理韧性与希望可以负向预测自我设限。该研究提示，可以通过提高运动员的心理资本来降低运动员的自我设想倾向，进而提高运动表现。Kim、Do Kim 和 Lee（2020）通过对224名参加美国大学校际田径比赛的运动员的调查，探讨了教练员真实领导力与运动员心理资本、表现满意度及心理健康的关系。结果表明，教练员的真实领导能力对运动员心理资本水平有正向影响，心理资本水平的增强反过来也会对表现满意度和心理健康产生积极影响。该研究提示，心理资本的增强可以有效增强运动员的表现满意度和心理健康。

上述关于运动员积极心理资本的整体研究提示我们，积极心理资本是降低运动员心理疲劳、增强运动员的表现满意度和心理健康、促进运动表现的重要利器。建议体育科学实践者和教练员应重视重视运动员心理资本的培养，以期促进运动员心理健康、竞技水平稳定发挥以及终身职业发展等。

2.5.2 运动员积极心理资本的分维度研究

在运动领域运动员的积极心理资本要素主要包括乐观、韧性、自我效能、感恩，下面将对这些要素的相关研究进行详细介绍。

Seligman 把乐观定义为个体可以通过后天习得的一种具有稳定性的解释风格。并认为具有乐观解释风格的个体倾向于将好的事件做持久、普遍和个人的归因；将坏的事件习惯于归因为短暂、具体和外在的。Scheier 等人把乐观理解为是一种人格特质，其理论核心是个体对未来事件的积极期望（曹新美，刘翔平，2008）。虽然各学者对乐观性质的理解上存在差异，但在实践研究中表明，乐观的人具有较强的免疫力，在经历生活重大变故时，虽然悲观和乐观的人都表现出悲观情绪，但在随后生活中乐观的人较悲观者恢复得更快（李晓彧，郭胜忠，2009）。同时在压力情境下，乐观也是调节心理健康和身体健康的重要内部资源（温娟娟，郑雪，张灵，2007），而乐观的运动员对比赛焦虑情绪的控制更好，在比赛中也更加稳定（Gregory，John，& Mary，2002）。刘训（2019）通过对268名运动员进行调查发现，应激可以显著预测运动员的心理疲劳，希望则在应激与运动员心理疲劳二者的关系中起到了显著的调节作用，如果运动员的希望得分越高，其应激对运动员心理疲劳的影响越小。

Jones（Jones，Hantons，& Connaughton，2007）等人认为个体的心理坚韧性主要由自我信念、渴望动机、处理压力和焦虑、集中注意力、忍受疼痛和坚强等方面构成。Bull等人（2002）对心理坚韧性进行了更高维度的概括，认为坚韧特征、坚韧态度和坚韧思想是心理坚韧性的三个主要特征。国内学者娄虎等人（2014）的研究发现，影响我国运动员坚韧性的因素除了以上西方学者提出的核心观点以外还包括很多其他因素。运动员的竞技能力可以通过教练员对运动员的心理坚韧性进行开发和干预得到提高（Butt，Weinberg，& Culp，2010）。而运动员的压力应对能力和运动员人格是构成"Clutch"运动员的基本结构要素（娄虎，王进，刘萍，2014）。同时，通过增强运动员心理坚韧性，有利于抑制运动员倦怠（王斌，叶绿，吴敏，冯甜，彭秀，2014）。Al-hosseini和Abadi（2018）的研究发现运动员群体（瑜伽）在心理韧性以及自我效能两个维度上较非运动员群体要高。

班杜拉对自我效能感的理论定义是个体对自己完成某一活动能力

的主观评估，评估的结果如何，将直接影响一个人的行为动机，同时自我效能与行为效果之间呈倒U型关系。在对运动员自我效能的研究中发现，运动员对自身的满意度、信心投入以及与教练员的关系是造成运动员产生心理疲劳问题的社会因素（解缤，姚家新，2010），而自我效能对运动员自我设限倾向具有预测和抑制作用（李静，刘贺，2010）。同时，运动员的自我效能水平和比赛欲望对其心理竞技能力有显著影响，并会随着运动员年龄的增长、运动年限及比赛经验的不断增加而有所提高（朱健民，潘国屏，2004）。

在对运动员感恩的研究中发现，在我国竞技体育举国体制背景下以及思想教育的影响下，竞技运动员的感恩观曾出现一度呈现固化的特点，但是随着时代的发展，运动员对个体需要的诉求也在发生着改变，运动员的感恩也呈现出新的特点（刘利，2014）。已有研究显示，虽然不同运动员在感恩上没有什么不同，但是不同训练年限及运动成绩的运动员在感恩上存在显著性差异，即感恩与运动员的主观幸福感呈显著正相关（彭秀，2015）。此外，在对运动员幸福感的研究中还发现，积极心理资本在社会支持预测个体主观幸福感之间具有中介作用，并对个体的工作性能有所提高，即社会支持可以通过运动员的积极心理资本对主观幸福感产生影响，并且可以促进工作效能（Li，Yu，& Zhou，2014）。运动员的积极心理资本不仅可以促进运动员的运动成绩，而且随着运动目标的实现也会提高运动员的心理能源储备（王鹏飞，2012）。

Ruser 等（Ruser，Yukhymenko-Lescroart，Gilbert，Gilbert，& Moore，2020）的研究探讨了感恩是否可以通过教练—运动员关系进而

影响运动员的心理疲劳。全国大学生体育协会（NCAA）一级（n=305）、二级（n=202）和三级（n=89）学生运动员（n=596，76.5%的女性）完成了一项关于运动员心理疲劳、教练—运动员关系、特质感恩和状态感恩的调查。结果发现，感恩可以预测运动员的心理疲劳，运动状态感恩是心理疲劳最准确的负向预测因子，运动状态感恩与职业心理疲劳之间存在着正相关关系。此外，教练—运动员关系越好的运动员可能会经历更多的感恩，教练—运动员关系在运动状态感恩与运动员心理疲劳间起到重要中介作用。

Gabana 等（Gabana，Steinfeldt，Wong，& Chung，2017）的研究以293名美国大学生运动员为研究对象，探讨了感恩、运动满意度、运动员心理疲劳和社会支持感之间的关系。研究结果表明，感恩与心理疲劳呈负相关，与运动满意度呈正相关。这表明，越是感恩的运动员在大学运动经历中越会经历较低的心理疲劳职业倦怠水平和较高的满意度。感知的社会支持在感恩影响运动员心理疲劳以及运动满意度中间起到重要中介作用。

综上，不论是对运动员积极心理资本的整体研究，还是对运动员积极心理资本的分要素研究，以上研究结果均已表明，积极心理资本在运动领域具有现实的应用价值，这也提示我们应当对运动员的积极心理资本进行探讨和开发。我们也要注意到：目前的研究虽已证实了积极心理资本可以促进运动员的职业发展，但是在对运动员积极心理资本的构成、开发和干预过程中并没有形成系统的研究。目前关于积极心理资本在运动领域的开发和测量研究，还只是参考西方或其他职业人群对积极心理资本构成成分的研究结果，缺少对竞技运动领域中本土化积极心理资本测量工具的开发与积极心理资本结构的分析。因此，本书在前人的研究基础上，在符合POB标准下，通过对运动员半结构式访谈对其积极心理资本的构成要素进行质性分析，编制符合我国文化特点的测量工具，为运动员积极心理资本结构的测量与开发研究奠定基础，并尝试给出一些干预措施，进而为提高运动员的积极心理资本提供可借鉴的思路与方法。

第三章

本研究的思路

　　积极心理资本理论的提出为运动员的心理咨询与训练提供了良好的思路。根据积极心理资本理论，我们需要进一步明确运动员积极心理资本的结构，在此基础上研制出科学的测量工具，并进一步探讨积极心理资本的价值所在，最终为运动员开发积极的心理资本提供可操作的方法和措施。本书以运动积极心理资本为研究对象，旨在构建运动员积极心理资本的结构，开发测量量表，并设计提升运动员积极心理资本的策略，进而为促进运动员职业发展和幸福生活等提供帮助。本书的主要目标是回答以下4个方面的问题：

　　第一，运动员积极心理资本的结构，即运动员积极心理资本的构成要素是什么？

　　第二，如何测量运动员的积极心理资本，即研制符合一定心理测量学要求的运动员积极心理资本测量量表。

　　第三，运动员积极心理资本的价值是什么？

　　第四，如何提升运动员的积极心理资本？

围绕上述4个问题，课题组将进行4个连续的系列研究：

研究1　运动员积极心理资本的结构

本研究主要解决的问题是运动员积极心理资本的结构，即运动员积极心理资本的构成要素。在积极心理资本理论的基础上，结合运动实践，通过访谈等方法探讨运动员积极心理资本的结构问题，为运动员积极心理资本的测量、开发等提供理论依据。

研究2　运动员积极心理资本的测量

本研究主要解决的问题是研制运动员积极心理资本的测量工具，即研制符合一定心理测量学要求的运动员积极心理资本测量量表。在已有积极心理资本测量方法的基础上，结合运动员的实际情况，编制【运动员积极心理资本量表】，并对其信效度进行检验，为有效测量运动员的积极心理资本提供方法学基础。

研究3　运动员积极心理资本的价值

本研究主要探讨的问题是运动员积极心理资本的作用，即运动员积极心理资本在运动员职业发展过程中的影响。主要探讨运动员积极心理资本与运动员心理疲劳、满意感、离职意愿等的关系，进而确定运动员积极心理资本的价值所在。

研究4　运动员积极心理资本的开发

本研究主要探讨的问题是如何开发运动员的积极心理资本，促进运动员积极心理资本的提升，即制定运动员积极心理资本的开发策略。通过文献总结和对运动员、教练员的访谈，以及案例分析，进而制定运动员积极心理资本的提升策略。

第四章

研究1：运动员积极心理资本的
结构

随着积极心理学的不断发展，积极心理资本理论油然而生。基于积极心理学研究范式，心理资本理论关注人的信心、希望、乐观和毅力等积极特质，该特质促使个体实施积极的行为并产生良好的绩效，因此心理资本已经成为继人力资本、社会资本之后，影响个体职业胜任力和职业成功的重要因素（周文霞等，2016）。然而，目前关于积极心理资本的结构，即其构成因素仍备受争论。如前文所述，积极心理资本的结构一般由自我效能感、希望、乐观和心理坚韧4个方面构成，这些都是个体的基本心理力量和状态，且符合积极、独特、可测量、可开发和与绩效相关等积极组织行为的标准，在管理、教育、医护等领域也进行了大量研究。

然而，这些要素是否符合运动员群体呢？运动员的积极心理本要素包括什么呢？为此，本研究通过整合、梳理前人研究，依据扎根理论（李洁玲，姚家新，2016；张景朕，2015）将更多符合积极组织行为标准（POB）的积极心理品质纳入运动员群体中。通过构建运动员积极心理资本的结构，进而为后续运动员积极心理资本的测量、开发等提供理论依据，以期为提高运动成绩、促进职业稳定健康发展提供科学指导。

4.1　研究目的

本研究主要解决的问题是确定运动员积极心理资本的结构，即运动员积极心理资本的构成要素。拟在积极心理资本理论的基础上，结合运动实践，通过访谈等方法探讨中国文化背景下的运动员积极心理资本的结构，即运动员积极心理资本的构成要素，进而为后续运动员积极心理资本的科学测量、有效开发等提供理论依据。

4.2　研究方法

4.2.1　研究参与者

半结构式访谈对象为3名优秀教练员和6名退役运动员，运动等级为国际健将或国家健将，包括的运动项目有：棒球、橄榄球、摔跤、排球、毽球、健美操、乒乓球、游泳、举重等。被访谈对象基本信息如表2所示。访谈形式为个别访谈，访谈目的是了解运动员在训练、比赛和生活中的心理状态、特点以及遭遇挫折后的心理变化信息，并通过访谈收集原始资料分析优秀运动员在遭遇挫折和面对压力时的心理变化与一般运动员的差异以及优秀运动员在处理问题时所表现出的积极心理资本特征。

表 2 被访谈对象的基本信息一览表

被访谈对象	竞技项目	运动等级	竞赛成绩
教练员 1	棒球	国际健将	2005—2007 年任国家棒球队教练
教练员 2	摔跤	国家健将	2003—2007 年中国式摔跤国家队教练
教练员 3	橄榄球	国际健将	淄博市橄榄球主教练
退役运动员 1	举重	国际健将	第 4 届世界女子举重锦标赛 67.5 公斤级挺举、抓举和总成绩冠军,团体冠军
退役运动员 2	毽球	国际健将	2015 年罗马毽球世锦赛,男团冠军
退役运动员 3	排球	国际健将	2008 年北京奥运会,季军
退役运动员 4	乒乓球	国家健将	2005 年第 10 届全运会,团体第五,个人第七
退役运动员 5	游泳	国家健将	2007 年全国游泳,冠军
退役运动员 6	健美操	国家健将	2013 年世界运动会有氧踏板操,冠军

4.2.2 工具

本研究结合运动员训练比赛的实际，参照已有质性研究的范式，制定了运动员积极心理资本访谈提纲。本访谈提纲主要包括以下问题：

1）您在生活中是什么样的？比如：性格，心态等。

2）您认为一名优秀的运动员应该具备哪些积极的心理品质？

3）您认为这些积极心理品质中，有哪些是可以通过后天培养提高的？

4）您认为，影响您/运动员赛场发挥的心理因素有哪些？

5）一场比赛的失利，对您/队员接下来的比赛和训练有什么影响？

6）您怎么克服这种影响？您怎么帮助队员克服这种影响？

4.2.3 程序

第一，编制访谈提纲，通过查阅文献和分析运动员参赛及接受采访的视频。通过视频透析运动员在生活、训练以及参赛中的积极心理特点，同时归纳出运动员群体的共性与特性心理特点，为编制访谈提纲和建构运动员心理资本模型提供参考依据。

第二，预访谈。在正式访谈前对2名取得过国际健将等级的教练员进行了预访谈，以便研究者熟悉访谈过程和检验访谈提纲的有效性，并根据访谈结果修订了访谈提纲。

第三，正式访谈，采用半结构化访谈。对3名教练员和6名优秀退役运动员（退役后继续从事相关项目的教学和训练）进行半结构式访谈，访谈目的是了解运动员在训练、比赛和生活中的心理特点以及遭遇挫折后的心理变化信息，并通过访谈信息分析优秀运动员在遭遇挫折和面对压力时的心理变化、与一般运动员的差异以及优秀运动员在处理问题时所表现出的积极心理品质。访谈形式为个别访谈，与教练员或运动员约定好访谈时间，平均每人接受访谈的时间在40分钟以上，并征求访谈者意见进行了录音，并由研究者根据录音材料进行逐字转录。

第四，质性分析法。（1）通过半结构式访谈、开放式量表以及文献综述等方法进行原始资料的收集，找出研究主题，对概念进行界定，找出研究的维度以及特征（王红利，2015）。（2）主轴编码，对维度进行类别重新组合。（3）选择性编码，探讨类别之间的关系，确定我国运动员群体的积极心理资本结构。（4）样本量，直到样本数量达到理论饱和为止（林广波，2018；王红利，2015）。本研究发现，在对第9位访谈对象进行访谈时，就出现了信息饱和现象，即被访谈对象所谈论问题已经基本包括在前面被访对象所谈内容中。

4.3　研究结果

4.3.1　半结构式访谈结果

通过整理访谈录音进行逐字转录并凝缩语义表达成句子，依据扎根理论在专家的指导下，由2位心理学研究生对收集到的句子进行分析归类。具体见表3：

表3　收集到的句子及词汇分类

积极心理品质	出现频次	访谈中出现的典型句子及词汇
自我肯定	82	对自己的技术有信心,不自卑,相信自己的实力,时刻保持自信
任务自信	79	对完成比赛任务很有信心,敢于冲击冠军,敢于承担责任
不畏惧	64	竞技场上就是自我的展示,赛场上不畏强者
积极归因	83	冠军只有一个,重要的是从比赛中获得经验,失败能让自己有所成长,不管结果如何都要尽自己最大的努力,失败有时比成功收获得更多
积极人格	67	性格开朗、外向,热爱生活,乐于沟通,态度积极,充满正能量,遇事豁达,处事从容,能够宽以待人,不抱怨,对未来有美好的期待
有效行动	63	主动完成训练任务,训练积极主动,根据目标自我调整,尝试多种方法达到训练目标
意志力	101	有毅力,对完成比赛目标有坚定的信念,不认输,不怕苦,面对挫折依然前行
恢复力	38	自我调控能力强,能快速恢复训练状态,能自我说服
抗压力	65	能够顶住舆论,视压力为动力,面对有压力的比赛依然能正常发挥

（续表）

积极心理品质	出现频次	访谈中出现的典型句子及词汇
荣誉感	97	集体荣誉感强,热爱团体,爱国,顾全大局
感念	105	团结友爱,对教练充满感激,能够体会父母、教练的辛苦
奉献回报	73	乐于助人,和队友互帮互助,以成绩回报他人、集体
自我提高	13	对自己有高要求,追求更高目标,懂得约束自己,善于利用自身的优势和资源
挑战精神	52	敢于挑战极限,有突破自己的想法和行为,对待比赛或训练竭尽全力,乐于拼搏

在对原始资料的收集和转录过程中,我们发现,我国运动员在感念他人付出继而进行回报行为方面表现非常明显,甚至可以达到成为支撑运动员取得优异运动成绩和继续职业发展的动力的程度,比如,在采访中多次出现"我的父母培养我这么多年很辛苦,我就想拿个好成绩给他们看看""我有坚定的信念要为父母争光""我遇到了一个好的教练,是他把我带到了一个更高的舞台,我不能辜负了(他的期望)",同时也有教练和运动员表示"国内运动员大多可以说是为了别人练,为了教练员、为了家人""每次出去打比赛,都是想要为家人、教练争光"。

除此之外,运动员和教练员对实现自我和超越自我方面表示很强烈,认为运动员之所以能够成为运动员就是因为他希望或渴望超越自己、实现自己、证明自己的价值,在对运动员的评价中也表示"优秀和普通运动员(的差别)说白了就是优秀运动员每天在主动地训练",同时运动员在对训练的认识中也表示"训练本身就是每天都在突破极限,比如练游泳的2000米训练,前面1800米都是铺垫,就是先把你带到一定的水平上，到那个层次上之后，最后的10%就是一种突破训练，你突破了成绩就会提高一点，每天都在重复地刺激自己这种极限"。

这也证明了运动员除了具有与其他人群所共有的自我效能、积极乐观与心理坚韧性等积极心理资本之外，我们还需要考虑感恩奉献与追求卓越在运动员积极心理资本构成中的独特地位。

4.3.2　质性分析结果

依据扎根理论由2名编码者对逐字转录后的半结构式访谈同一原始文本资料进行独立编码，本次编码共形成14个概念，包括：自我肯定、任务自信、不畏惧、积极归因、有效行动、积极人格、意志力、恢复力、抗压力、荣誉感、感念、奉献回报、自我提高、挑战精神。并对两名编码者的评分一致性进行了计算，计算结果显示，编码者对14个子维度的频次相关在0.75~0.95之间（具体详情见表4），说明编码者的评分一致性较好，同时也表明了编码的合理有效。

表4　编码一致性检验

自我肯定	任务自信	不畏惧	积极归因	有效行动	积极人格	意志力	恢复力	抗压力	荣誉感	感念	奉献回报	自我提高	挑战精神
频次 0.95	0.92	0.79	0.89	0.83	0.86	0.95	0.94	0.95	0.90	0.92	0.78	0.80	0.75

在对录音进行文字转录和编码过程中，我们尽量对文字描述进行深刻丰富的研究以提高访谈结果的内部效度，不会因频次的多少而放弃对新维度的提取。

通过编码，最终确定运动员积极心理资本，包括自我效能、积极乐观、感恩奉献、追求卓越、心理韧性等5个维度14个概念，其中自我肯定、任务自信、不畏惧属于自我效能维度；积极归因、有效行动、积极人格属于积极乐观维度；意志力、恢复力、抗压力属于心理韧性维度；荣誉感、感念、奉献回报属于感恩奉献维度；自我提高、挑战精神属于追求卓越维度。并根据运动员群体特点及积极心理资本构成对运动员积极心理资本的每个维度进行了阐述：

第一，肯定自我能力，具有完成任务的自信，对即将或未来需要完成的目标充满信心，即自我效能。

第二，能够持之以恒的坚持目标，在成功或失败后能够采取积极的归因方式，对未来目标保持积极的态度，为达到目标会主动、积极地采取行动措施以便更好地完成目标，即积极乐观。

第三，对他人付出有正确积极的认识，并充满感激，以实现自我或他人期望等行为为回报，是支撑运动员职业生涯继续前行的精神动力，即感恩贡献。

第四，善于发挥自身的优势、能力以及所能使用的资源，并对自己在运动生涯的各个阶段有进一步的突破要求与行动，即追求卓越。

第五，当遇到问题，困难及挫折时表现出的坚强、毅力和对压力的承受能力，帮助自己从困境中快速恢复的能力，即心理韧性。

4.4　分析与讨论

心理资本是促进个体成长发展与绩效提升的重要因素（吴伟炯等，2012）积极心理资本的构成因素，是以促进个体行为绩效为目的，因此本研究以 Luthans 等人提出的积极心理资本"类状态"理论为基础，在研究中严格依据POB标准对运动员积极心理资本的构成进行分析和探讨。根据质性研究结果，研究者构建了运动员积极心理资本的结构，具体而言包括自我效能、积极乐观、心理韧性、感恩奉献、追求卓越5个维度。

4.4.1　运动员的自我效能

自我效能是运动员肯定自我的能力，对完成任务的自信，对即将或未来需要完成的目标充满信心。基于对运动员和教练员的访谈资料，我们发现自我效能是运动员积极心理资本的构成要素之一，这也与前人关于运动员的研究具有一致性（Min & Hyun，2019）。该维度与以往大多数非运动员群体的研究结果一致，即表明，在不同群体中，自我效能都是个体积极心理资本的重要组成部分。运动员的自我效能主要包括自我肯定、任务自信和不畏惧。例如，运动员在访谈中提及："相信自己的实力，时刻保持自信"，这是自我肯定的积极案例。任务自信："对完成比赛任务很有信心"。不畏惧，例如，很多运动员谈到"竞技场上就是自我的展示，赛场上不畏强者"，这些都是运动员自我效能的表现。

在对运动员自我效能的研究中发现，运动员对自身的满意度、信心投入以及与教练员的关系是造成运动员产生心理疲劳问题的社会因素（解缤，姚家新，2010），而自我效能对运动员自我设限倾向具有预测和抑制作用（李静，刘贺，2010）。同时，运动员的自我效能水平和比赛欲望对其心理竞技能力有显著影响，并会随着运动员年龄的增长、运动年限及比赛经验的不断增加而有所提高（朱健民，潘国屏，

2004)。最近，自我效能感作为传递自变量对因变量影响的中间变量，也得到广泛的运用（杜七一，柳莹娜，2016）。这提示我们，自我效能感或许可以帮我们解释积极心理资本各因素之间的关系。

基于班杜拉对自我效能感的理解，即个体对自己能否完成某一活动能力的主观评估，评估的结果，直接影响个体的行为动机，运动员的自我效能具有重要的实践价值。Min 和 Hyun（2019）的研究也发现，自我效能感作为运动员心理资本中的一个重要因素对运动员的感知绩效具有显著正向影响。这也体现了，自我效能对于运动员训练比赛绩效、身心成长和职业发展的重要意义。在以后的研究中，应该予以重视运动员的自我效能，并加以积极开发。

4.4.2 运动员的积极乐观

积极乐观指能够持之以恒的坚持目标，在成功或失败后能够采取积极的归因方式，对未来目标保持积极的态度，为达到目标会主动、积极地采取行动措施以便更好地完成目标。这一维度包含了国外积极心理资本理论中的乐观和希望两个成分。

在访谈中，我们发现运动员在希望、乐观两个维度上的理解与国外的研究观点似乎不同。在中国文化背景下运动员对希望和乐观的理解并没有很清晰的界定，乐观与希望往往是交互存在，二者相依相存。这一维度主要包括积极归因、积极人格、有效行动三个方面。访谈中，运动员多次提到"冠军只有一个，重要的是从比赛中获得经验""失败能让自己有所成长""不管结果如何都要尽自己最大的努力""失败有时比成功收获的更多"等，展示了运动员在积极归因方面的表现。多名运动员多次提到的"热爱生活""乐于沟通，态度积极""充满正能量""遇事豁达""处事从容""对未来有美好的期待"等等，正是运动员积极人格的写照。"主动完成训练任务""训练积极主动""根据目标自我调整""尝试多种方法达到训练目标"等则反映了运动积极乐观中的一个只要体现，就是有效行动。

另外，由于运动员职业的特殊性，运动员在训练或比赛中对未来目标或任务既表现出乐观积极的态度同时也常常伴随着为达到目标而采取有效的行动。邝宏达、徐礼平和李林英（2018）的研究，采用质性研究方法，运用扎根理论建构了教练心理资本影响工作绩效的理论模型，其中教练员的积极心理资本包括竞技意识、创新意识、乐观希望、韧性、责任、自我效能和幽默7个维度，从中也可以看出乐观与希望是合在一起的，即二者在中国竞技文化中很难区分，你中有我，我中有你，难以完全分隔开来。这一研究结果也证实了积极心理资本的构成具有文化差异性和群体差异性。因此本研究将运动员的乐观与希望合成一个维度即积极乐观。

积极心理学之父马丁·塞利格曼（Martin E.P.Seligman）将乐观定义为个体通过后天习得的一种稳定的解释风格。例如，乐观解释风格的个体倾向将坏事归因于外在、具体和短暂性的，将好的事件归因于持久的努力。也有学者指出，乐观理论的核心之处在于个体对未来事件的积极期望（曹新美，刘翔平，2008）。希望是指个体能够坚持自己的目标，在必要的时候可以选择新的途径来实现目标（Luthans, Youssef, & Avolio, 2007），在本研究中主要体现为有效行动这一概念。实践研究表明，乐观的个体具有较强的免疫力，面临生活重大变故时，虽然悲观和乐观的个体都表现出悲观情绪，但在随后生活中乐观的人较悲观者恢复得更快（李晓彧，郭胜忠，2009）。正如，运动员从失败阴影中恢复的时间，潜移默化地影响其随后的训练状态和比赛成绩。同时在巨大的压下，乐观也是调节身心健康重要的内部资源（温娟娟，郑雪，张灵，2007）。对于运动员来说，积极乐观的重要意义也不言而喻。由于自我资源对认知、情绪等自我控制任务十分关键（Hagger & Chatzisarantis，2016），因此乐观的、充满希望的运动员更善于控制、调节比赛焦虑情绪，更加积极地面对训练比赛中的应激事件。

4.4.3 运动员的心理韧性

心理韧性也是近期积极心理学以及运动员研究的重要主题之一。本研究认为，心理韧性维度是指，当遇到问题、困难及挫折时表现出的坚强、毅力和对压力的承受能力，帮助自己从困境中快速恢复的能力。本研究发现，心理韧性是运动员积极心理资本的构成要素之一，其主要包括意志力、"有毅力"、"对完成比赛目标有坚定的信念""不认输，不怕苦""面对挫折依然前行"。恢复力，如"自我调控能力强""能快速恢复训练状态"。抗压力，如，"能够顶住舆论""视压力为动力""面对有压力的比赛依然能正常发挥""高水平运动员的共同特点就是能够把一些紧张状态或压力转换成动力的心理特质，把被动转换成主动的能力"。较好的抗压能力，以及其所体现的运动员较高的心理韧性，这也是优秀运动员之所以成为优秀运动员的重要原因。

从运动员的成长过程来看，挫折、逆境、困难是在所难免的，而对于挫折、逆境和困难的承受、化解、解决等无疑是促进其不断进步的内在动力。Próchniak（2020）的研究发现，艰难的冒险攀岩者拥有更多的积极应对、以工作为导向的应对、预防应对手段，并且可以转移注意力，重新诠释痛苦，忽略疼痛，更高的应对自我效能以及希望。Jones 等（2007）认为个体的心理坚韧性主要由自我信念、渴望动机、处理压力和焦虑、集中注意力、忍受疼痛和坚强等方面构成。Bull 等（2005）对坚韧性进行更高维度的概括，认为坚韧特征、坚韧态度和坚韧思想是心理坚韧性的三个主要特征。国内学者娄虎等（2014）认为，影响我国运动员坚韧性的因素除西方学者提出的核心观点以外，还包括团队氛围和目标因素。运动员团队文化的形成作为一种潜意识，增加团队凝聚力、团队耦合力等，进而促进竞技水平。此外，在运动员特征的研究中（Butt，Weinberg，& Culp，2010），教练员对运动员的心理坚韧性进行干预，也可提高竞技能力；增强运动员心理坚韧性也有利于抑制其倦怠行为（王斌，叶绿，吴敏，冯甜，彭秀，2014）。可见，心理资本中的心理韧性，有助于团队精神文化的建设和竞技运动成绩的提高。

综上所述，心理韧性是运动员的一项重要积极心理资本，可以帮助运动员摆脱日常生活以及训练比赛中的困难、逆境、挑战，使其坚持追逐个人的预期目标，创造更高的运动成绩（Gucciardi，et al，2015）。

4.4.4　运动员的感恩奉献

最近，Gabana（2019）从积极心理学视角论述了运动员感恩培养和表达的潜在好处。这些好处包括提高生活满意度、社会联系、积极情感、恢复力、利他主义、更好的睡眠质量和减少心理困扰。并以Fredrickson的积极情绪扩展理论为框架讨论了感恩如何通过关注积极的东西来拓宽运动员的视角，并通过增加对可用支持的感知来建立他们的资源，进而对其个人和团体产生积极效益。作为运动员积极心理资本的要素之一，感恩奉献是对他人的付出有正确积极的认识，并充满感激，以实现自我或他人期望等行为为回报，是支撑运动员职业生涯继续前行的精神动力。本次访谈发现，在运动员的感恩奉献里主要包括荣誉感、感念和奉献回报三个方面。感恩奉献的例子，如"集体荣誉感强""热爱团体""顾全大局"。感念主要是运动员常怀感恩之心，例如，"对教练充满感激""能够体会父母、教练的辛苦""运动员的感恩倾向要比常人明显得多，他的经历，他受的苦和挫折以及和教练员长期的相处，他们的感情有时是要胜过父母的"。奉献回报的例子，如运动员提到的"乐于助人""和队友互帮互助""以成绩回报他人、集体"等都是运动员风险回报的较好体现。

关于运动员感恩的研究，基于我国特色竞技体育（举国体制）和思想教育的影响，运动员的感恩观具有固化的特点，但随着时代的变迁，运动员对个体需要的诉求也在发生着改变，其感恩模式也呈现出新的特点（刘利，2014）。已有研究显示，不同训练年限及运动成绩的运动员在感恩上存在显著性差异，即感恩与运动员的主观幸福感呈显著正相关（彭秀，2015）。此外，在对运动员幸福感的研究中还发现，积极心理资本在社会支持预测个体主观幸福感之间具有中介作用，并对个体的工作性能有所提高（Li，et al.，2014）。运动员的积极心理资本与运动成绩的关系不仅是前者促进后者的关系，目标的实现也会提高运动员的心理能源储备（王朋飞，2012）。因此，感恩是我国运动员特有的积极心理资本的重要维度。

感恩奉献源于中华民族的传统美德，如果运动员不懂感恩，既会伤了教练员的心，也会断了队友间的情，最终可能会让自己陷入孤立无援的境地（董良山等，2016）。感恩奉献可增加运动员的心理应对资源，促进运动员行为的积极变化，建立和维持运动员的人际关系网络。正如杜兰特成为NBA最有价值球员时所说："我本不属于NBA，是你（杜兰特的母亲）让我一直保持信念，没有让我流落街头，你把所有的食物都给我们，自己却饿着肚子睡觉。为了我，你牺牲了太多，你才是真正的MVP"。

有研究发现，运动员的感恩，既可以直接促进运动投入，也能通过改善教练员—运动员关系间接促进运动投入（王斌等，2014）。在原始资料的收集和转录过程中发现：我国运动员感念他人付出，继而表现出明显的回报行为，甚至可成为其取得优异运动成绩和继续职业发展的动力。例如，在访谈中多次出现"我的父母培养我这么多年很辛苦，我就想拿个好成绩给他们看看""我有坚定的信念要为父母争光""我遇到一个好的教练，是他把我带到更高的舞台，我不能辜负他的期望"，同时也有教练员和运动员表示"国内运动员大多可以说是为了别人练，为了教练员、为了家人""每次出去打比赛，都是想要为家人、教练争光"。另外，叶绿等（2016）的研究发现健将级运动员的感恩水平显著高于一、二级运动员。因此，感恩奉献是我国运动员、尤其是高水平运动员特有的心理资本之一。

4.4.5 运动员的追求卓越

最能代表竞技体育的精神就是追求卓越。竞技体育的目标主要是追求"更高、更快、更强"，也就是追求卓越运动表现（王智，董蕊，2018），运动心理学工作者的核心目标之一也便是帮助运动员实现卓越表现。哈佛大学的体育使命之一：通过个人发展和团体协作追求卓越（王超，王永盛，2017）。

善于发挥自身的优势、能力以及所能使用的资源，并对自己在运动生涯的各个阶段有进一步的突破要求与行动，即追求卓越。在本研究中，运动员和教练员对实现自我和超越自我方面表态强烈，认为运动员希望或渴望超越自己、实现自己、证明自己的价值。并被运动员评价为"区分优秀和普通运动员（的差别），在于训练的主动性"，同时优秀游泳运动员在对训练的认识中也表示"训练本身就是不断地突破极限，比如2000米的游泳训练，前1800米是铺垫，当自己的能力达到一定的水平，最后的10%或许是一种瓶颈、就是一种突破训练，突破了成绩就会提高一点，每天都在重复刺激自己突破这种极限"。追求卓越主要包括自我提高和挑战精神。其中像"对自己有高要求""追求更高目标""懂得约束自己"等都是自我提高的完美体现，"敢于挑战极限""有突破自己的想法和行为""乐于拼搏""对待比赛或训练竭尽全力""大多数优秀运动员都是在越是有压力的情况下，越要奋勇拼搏，越是有挑战的时候，越能发挥好的状态，这也是赛场上我们所说的比赛型运动员所具有的特质"等是运动员挑战精神的体现，二者展示了优秀运动员在追求卓越上表现出的积极心理资本。

追求卓越也是运动员特有的积极心理资本。竞技心理的核心问题是追求卓越，即如何帮助运动员在高水平竞赛中通过心理调节获得优异的运动成绩，并谋求长期、优越的自我发展（张力为，胡亮，2012；张力为，毛志雄，王进，2020）。本研究中，运动员追求卓越体现在平时训练的主动性和坚持性，即优秀的运动员把每次的训练都当成是一种挑战，并在挑战中提升竞技成绩。在"举国体制"下，为国争光和证明自己价值的内部动机，或许是追求卓越的动力之源泉。无论以何种目的的刻苦努力或突破自己，均需要个体在运动生涯中量力而行，制定适合自己突破或能达到的标准。正如，维果斯基"最近发展区理论"所表示的，制定努力跳一跳就能达到的目标。因此，厘清追求卓越的心理资本对运动员竞技成绩的提升非常重要的同时，还需理性地追求卓越。

上述 5 个方面构成了运动员积极心理资本的维度，为我国运动员积极心理资本的应用提供了理论基础。有研究发现，心理资本较低的个体在遭遇压力时，对负性信息可能持有更多的注意偏向，倾向于采取消极的应对方式（范兴华，余思，彭佳，方晓义，2017）。因此，提高运动员的心理资本对其竞技水平十分关键。在对运动员的积极心理资本构成有了一定的了解之后，未来研究需根据运动员的积极心理资本的构成开发有效的测量工具，以便为今后提高运动员的积极心理资本开发奠定基础。

4.5　小结

运动员积极心理资本包括自我效能（自我肯定、任务自信、不畏惧）、积极乐观（积极归因、有效行动、积极人格）、心理韧性（意志力、恢复力、抗压力）、感恩奉献（荣誉感、感念、奉献回报）、追求卓越（自我提高、挑战精神）5个维度、14个概念。其中感恩奉献和追求卓越是我国运动员特有的心理资本维度，体现了本土运动员心理资本结构的独特性。

　　本研究构建的运动员积极心理资本结构，可以为后续运动员积极心理资本的科学测量、实践应用以及有效开发等提供理论指导和参考。期待对运动员积极心理资本结构的理论理解，能够为运动员提高运动成绩，促进职业生涯稳定发展等提供科学指导。

第五章

研究2：运动员积极心理资本的测量

5.1　运动员积极心理资本量表的编制

5.1.1　研究目的

鉴于目前并没有专门针对运动员编制的积极心理资本测量工具，所以本研究拟在已有积极心理资本测量方法的基础上，结合运动员的实际情况，编制运动员积极心理资本量表，并对其信效度进行检验，为有效测量运动员的积极心理资本提供方法学基础。

5.1.2　研究方法

5.1.2.1　被试

运动员积极心理资本初测量表的测试对象包括国家水球队、国家武术套路队、天津市激流回旋队、辽宁省激流回旋队、山东省潍坊市橄榄球队、天津市武术套路专业队、天津市羽毛球队和棒球专业队、某体育院校运动训练专业（包括摔跤、篮球、橄榄球、足球、棒球、乒乓球、排球、羽毛球、武术、健美操、游泳、举重、田径等项目）在校大学生。本次研究共发放量表390份，回收量表363份，其中有效量表322份，量表有效率为88%。有效被试共计322人，其中男生201人，女生121人；运动员的运动等级情况是，运动健将55人，一级运动员104人，二级运动员128人，三级运动员及在训无级别运动员35人；年龄在12~30岁之间，平均运动年限7.4年。

5.1.2.2　量具

《运动员积极心理资本》初测量表。

5.1.2.3　程序

第一，整理所查阅的文献，并结合访谈结果，参考已经存在的信效度较高的积极心理资本量表或单个维度的相关量表，形成运动员积极心理资本量表的条目池；

第二，邀请2名运动心理学专家和3名心理学专业研究生对条目池中的每一个项目进行检查；

第三，邀请个别运动员对量表进行尝试填答，并根据运动员填答后的信息反馈，在专家的指导下进行条目的修改和删减，形成运动员积极心理资本的初测量表；

第四，对运动员积极心理资本初测量表进行项目分析，进而删除质量差的条目，形成运动员积极心理资本量表；

第五，对运动员积极心理资本正式量表进行信效度检验。

5.1.3 研究结果

5.1.3.1 形成条目池

通过整理所查阅的相关文献，并结合访谈结果，参考已经存在的信效度较高的心理资本量表和单个维度的相关量表，形成了运动员积极心理资本初测量表条目池，形成的条目池共有82个条目。

5.1.3.2 内容分析

本研究邀请了2位运动心理学专家和3名心理专业硕士生分别对条目池中的每一项目的语义表达是否明确、清楚，以及条目表达语言是否符合所测概念等方面进行了检查，并删除了6条不符合运动情境的条目，合并了11条存在语义重复表述的条目。通过以上程序，再选取5名运动员对量表进行个别填答，填答完成后询问被试对象量表的指示语是否明确和对每个条目的表达理解，根据5名运动员填答后的信息反馈在专家的指导下进行条目的修改和删减，经过两轮删减和修改后，确定每个条目的表达既符合维度定义又能清晰地与运动员的真实感受建立联系，最终保留50个条目（详见附录1）。

5.1.3.3 编制初测量表

经过以上研究，编制了运动员积极心理资本初测量表，本量表采用的是李克特7点量表法，且维度内得分越高表示运动员在某个维度上的积极水平越高。而关于编制初测量表条目的多少，学界存在不同的观点。Devellis（1991）对初测量表应该有多少条目这一问题给出了两种观点：一是编制或发展一个正式的测验或量表，则初测量表的条目数最好是正式量表的3~4倍；二是根据答题者的时间和耐心以及条目设计的难易度，也可是正式量表条目数的 1.5 倍。根据以上标准，本研究在初测量表最后保留了 50 条项目，5 个维度各包含 10 个条目。具体结果如表 5 所示。

表 5 初测量表条目编号及所属维度、来源

一级维度	二级维度	具体条目内容及编号	条目来源
自我效能	自我肯定	3. 我总能通过自己的努力实现目标	访谈
		10. 在赛场上，我相信自己能充分发挥	访谈
		14. 我有实力参加比赛	Luthans（PCQ-24）
		19. 我对自己的能力很有信心	柯江林（2009）
		30. 在赛场上我相信我的技术不比别人差	访谈
		37. 我能冷静地面对困难，因为我信赖自己处理问题的能力	王才康（2001）
	任务自信	6. 我能完成教练分配的任务	访谈
		22. 我相信自己能完成预定目标	自编
		25. 对我来说，坚持理想和达到目标是轻而易举的	王才康（2001）Schwarzer（GSES）
	不畏惧	46. 面对强大对手，我也有信心战胜他/她	访谈
积极乐观	积极归因	31. 我能有好的比赛表现，是源于充分的准备和努力	访谈
		38. 比赛失利带给我很多收获，如：清楚了自己的不足	访谈
	有效行动	5. 遇到挫折我不会放弃目标，而是换一种方式去达到目标	访谈
		7. 就算失败我也会继续努力	访谈

（续表）

一级维度	二级维度	具体条目内容及编号	条目来源
积极乐观	有效行动	8.我会尝试多种途径去实现未达成的目标	访谈
		36.我要通过训练,使我的技术水平达到更高	访谈
	积极人格	1.我相信,任何一件不如意的事情都会有积极的一面	访谈
		15.我相信付出总会有收获	访谈
		23.我相信在未来的比赛中我会发挥得更好	自编
		26.我会想尽办法适应比赛场地,以确保发挥不受影响	访谈
心理韧性	意志力	20.我一旦决定要做一件事,就不怕遇到困难	访谈
		27.遇到挫折时,我不会气馁	访谈
		40.我不过分依赖别人,大部分通过自己的努力实现目标	改自晁粉芳(2010)
	恢复力	42.遇到挫折后,我能很快恢复过来	柯江林(2009)
		4.我常常把遇到的困难看成是一种挑战而不是威胁	卢国华(2008)
		11.我能承受遇到的困难和挫折	访谈
	抗压力	13.面临压力,我也能正常发挥	Sheard(2009)
		34.我遇到问题会主动解决,而不是逃避	访谈
		41.我会给自己设置具有挑战性的目标	Sheard(2009)
		43.我能承受训练和比赛带来的巨大压力	访谈
感恩奉献	荣誉感	44.我不会给教练和队友抹黑	访谈
	感念	2.我很感激教练对我的帮助	访谈
		17.比赛的成功,更多来自教练的英明指导	访谈
		28.我很感谢遇到的每个教练	访谈

（续表）

一级维度	二级维度	具体条目内容及编号	条目来源
感恩奉献	感念	35.随着年龄的增长,我更能领会到教练和队友给予我的支持,他们已成为我生活中的一部分	McCuUough（2002）编制,Chen和Kee（2013）修订
	奉献回报	9.我想取得好成绩回报父母	访谈
		32.我总想取得好的成绩,让教练和父母为我自豪	访谈
		39.我拿好成绩就是想要回报为我付出的人	访谈
		48.队友受伤时,我会帮助和照顾她/他	访谈
		50.我能感受到教练的辛苦,我很想报答他	访谈
追求卓越	自我提高	21.我会主动积极地完成训练任务来提升自己	访谈
		49.训练结束后,我还要继续练习	访谈
		45.我会严格要求自己完成每一项训练任务	访谈
	挑战精神	12.在比赛中出现失误会促使我更加努力训练	访谈
		16.即使比赛困难重重,我也会奋战到底	访谈
		18.对我来说,训练就是要不断地突破	访谈
		24.我不满足于现在的水平,想要进一步提高	访谈
		29.比赛结束后,我会给自己设定更高的目标	访谈
		33.我认为没有最好,只有更好	访谈
		47.越是有挫折和困难的时候,我越能坚持目标	访谈

在本研究中，为了避免被试在答题中出现习惯性作答（同一维度内条目之间产生影响），本量表对5个维度中包含的条目进行交叉排序。对于被试者遗漏题目，在数据处理中按照缺失值进行处理。同时为了防止运动员对测试内容进行猜测或失真作答，在指导语和测试中只告知运动员根据自己平时的状态和真实体会作答。本研究采用匿名集体测试，只进行必要的基本信息采集（如运动项目、运动年限、运动等级等），以此减少被试的顾虑，以及避免参与者虚假作答。

5.1.3.4　初测量表的项目分析

对《运动员积极心理资本》初测量表进行了施测，量表的施测是通过纸质和电子"问卷星"两种形式进行发放。为激发参与者认真答题，我们在指导语中建议被试者留下邮箱地址，会根据调查者的得分情况给予结果反馈，并在施测前明确告知；而电子量表则会在填答者提交量表时直接给予反馈，量表回收数据的筛选及录入均有研究者本人亲自操作，删除标准为纸质量表中作答明显为W、Z型或有规则性作答痕迹；电子量表筛选标准为删除作答时间过短（考虑为没有认真作答）或过长（根据具体情况删除）的量表。总共收集有效数据为322份，通过对这些有效数据的分析，进一步对初测量表中项目进行了筛选。对预测量表的项目分析主要采取以下几种处理办法：

第一，区分度检验，采用临界值（CR值）。对初测量表收集到的数据分别进行量表总分得分的计算，并根据量表总分的得分情况进行排序，得分前27%为高分组，后27%为低分组，并对高、低两组进行独立样本t检验，依据计算结果删除$p > 0.05$显著性不好的题目。

第二，进行矫正题总相关计算，并删除矫正题总相关小于0.4的条目。

第三，将矫正题总相关<题他相关的条目进行删除。

项目分析的主要目的是鉴定并提高量表条目的质量，进而提高测量的信度和效度。因此，项目分析一般会采用多轮，直到每个条目质量达标，信度可接受为止。本研究的项目分析具体操作过程如下。

第一轮筛选：

1.通过对量表的所有条目进行临界值的检验，检验结果显示无p值大于0.05的条目，因此在此环节中没有删除条目。

2.逐个计算五个分量表的Cronbach's α系数，结果显示各分量表的内部一致性系数均已达到0.8以上，表示五个分量表的量表信度较好。

表6　各分量表的Cronbach's α系数

	测验人数	保留的条目数	Cronbach's α
自我效能分量表	322	10	0.851
积极乐观分量表	322	10	0.851
心理韧性分量表	322	10	0.875
感恩奉献分量表	322	10	0.832
追求卓越分量表	322	10	0.872

3.删除校正题总相关小于0.4的条目，在本环节中共有4个条目未达到标准的条目，其中自我效能维度、积极乐观、感恩奉献和追求卓越4个维度各删除1个条目（见表7），删除未达标条目后重新计算各分量表的内部一致性系数发现，4个维度的Cronbach's α系数都有所提高（见表8）。

表7 校正题总相关小于0.4被删除的条目

题目号	校正题总相关系数
A25	.347
A1	.291
A39	.347
A49	.398

表8 第一轮筛选后各分量表的Cronbach's α系数

	测验人数	保留的条目数	Cronbach's α系数
自我效能分量表	322	10	0.851
积极乐观分量表	322	10	0.851
心理韧性分量表	322	10	0.875
感恩奉献分量表	322	10	0.832
追求卓越分量表	322	10	0.872

表9 经过第一轮检验后各维度保留的条目数及条目编号

	保留的条目	合计
自我效能分量表	3、6、10、14、22、19、30、37、46	9
积极乐观分量表	5、7、8、15、23、26、31、36、38	9
心理韧性分量表	4、11、13、20、27、34、40、41、42、43	10
感恩奉献分量表	2、9、17、28、32、35、44、48、50	9
追求卓越分量表	12、16、18、21、24、29、33、45、47	9

第二轮筛选：

1.删除校正题总相关小于0.4的条目，第二轮计算没有出现校正题总相关小于0.4的条目，故本环节没有删除条目；

2.删除题他相关大于矫正题总相关的条目，本环节共删除16个不符合标准的条目，其中自我效能维度删除3个未达标条目（具体见表10），积极乐观维度删除4个未达标条目（具体见表11），心理韧性维度删除3个未达标条目（具体见表12），感恩奉献维度删除2个未达标条目（具体见表13），追求卓越删除4个未达标条目（具体见表14）。

表10　自我效能分量表被删题目的矫正题总相关、题他相关及删除情况

题目	矫正题总相关	积极乐观	心理韧性	感恩奉献	追求卓越	
A6	.548	.605**	.509**	.480**	.543**	删除
A22	.629	.632**	.651**	.433**	.631**	删除
A37	.566	.527**	.628**	.315**	.473**	删除

表11　积极乐观分量表被删题目的矫正题总相关、题他相关及删除情况

题目	矫正题总相关	自我效能	心理韧性	感恩奉献	追求卓越	
A5	.425	.431**	.528**	.350**	.456**	删除
A15	.554	.520**	.492**	.463**	.611**	删除
A23	.665	.695**	.660**	.531**	.627**	删除
A38	.590	.465**	.545**	.524**	.604**	删除

表12 心理韧性分量表被删题目的矫正题总相关、题他相关及删除情况

题目	矫正题总相关	自我效能	积极乐观	感恩奉献	追求卓越	
A13	.602	.663**	.522**	.385**	.499**	删除
A20	.633	.584**	.652**	.480**	.613**	删除
A41	.550	.575**	.527**	.334**	.550**	删除

表13 感恩奉献分量表被删题目的矫正题总相关、题他相关及删除情况

题目	矫正题总相关	自我效能	积极乐观	心理韧性	追求卓越	
A32	.525	.350**	.482**	.391**	.532**	删除
A44	.465	.446**	.485**	.530**	.533**	删除

表14 追求卓越分量表被删题目的矫正题总相关、题他相关及删除情况

题目	矫正题总相关	自我效能	积极乐观	心理韧性	感恩奉献	
A18	.612	.492**	.619**	.507**	.625**	删除
A12	.647	.585**	.642**	.639**	.488**	删除
A33	.596	.421**	.600**	.495**	.610**	删除
A16	.643	.592**	.647**	.620**	.512**	删除

经过第二轮的删除，本研究最终保留了运动员积极心理资本30个条目，本研究重新计算各分量表及总量表的Cronbach's α系数，经过两轮矫正题总相关与题他相关的检验，删除未达到标准的条目后各维度及总量表的Cronbach's α系数均在0.8以上，故停止删除条目，本研究最终形成的《运动员积极心理资本》正式量表包括30个条目（详见

附录2)。

表15 量表最终保留的条目数、编号及内部一致性信度系数

量表	条目数	保留的题号	Cronbach's α系数
自我效能分量表	6	3、10、14、19、30、46	0.826
积极乐观分量表	5	7、8、26、31、36	0.806
心理韧性分量表	7	4、11、27、34、40、42、43	0.833
感恩奉献分量表	7	2、9、17、28、35、48、50	0.823
追求卓越分量表	5	21、29、45、47、24	0.824
积极心理资本总量表	30		0.942

5.1.4 分析与讨论

本研究根据半结构式访谈结果采用扎根理论对收集到的文本资料进行了质性分析，并参考了现有信效度较好的心理资本量表和单个维度的量表，形成了《运动员积极心理资本》初测量表条目池，形成的条目池共有82个条目。为保证量表条目的质量，我们邀请了2名运动心理学专家和3名心理专业硕士生对量表的内容效度进行了内容效度的检验，进行内容分析的目的是为了保证每个条目的语义表达清晰、准确而易于被试理解，不出现歧义或是语义表达不清楚等情况，避免被试者在填答时出现对条目的理解产生偏差，使测量结果大打折扣。通过两位专家对初测量表的条目检验，删除了6个不符合运动情境的条目。同时，为保证量表在实际应用中能够更贴切真实的反应运动员的感受，在开始测试之前对5名运动员进行了预测试。此环节是考虑到运动员的职业特点与思维特点及文化水平等因素，并根据运动员的信息

反馈，在专家的指导将语义表达重复多次的条目进行了合并和删除。合并和删除条目的原则是既要保证量表各维度条目数量的合理性，又要确保被试不受条目过于冗杂而出现作答疲劳，根据运动员的反馈本环节共合并了 26 个条目，最终形成了《运动员积极心理资本》初测量表。量表由 5 个维度构成，每个维度包含 10 个条目，共包含 50 个条目。

对《运动员积极心理资本》初测量表进行了施测，总共收集有效数据为 322 份。通过对这些有效数据的分析，进一步对初测量表中项目进行了筛选。对数据进行了项目分析，并比较了分析之后的项目区分度值、矫正题总相关和题他相关对应的数值的变化，删除了项目区分度较低、矫正题总相关低的项目。经过以上的项目分析工作，最终删除掉了 20 条项目，并对留下的 30 个题目进行了一定的调整，形成最终的正式量表。《运动员积极心理资本》正式量表的结构成分不变，依然由 5 个维度构成，包含 30 个条项目，为 7 级李克特式量表。其中自我效能维度剩余 6 个条目，积极乐观剩余 5 个条目，心理韧性维度剩余 7 个条目，感恩奉献剩余 7 个条目，追求卓越剩余 5 个条目。本次测量中，各维度的内部一致性系数分别为：0.826、0.806、0.833、0.823、0.824，总量表的内部一致性系数为 0.942，该量表具有很好的内部一致性。按照心理测量学的要求，我们还需要对该量表的信效度进行进一步检验。

5.2　运动员积极心理资本量表的信效度检验

5.2.1　研究目的

上述本研究已经编制了 30 个条目的运动员积极心理资本量表，然而量表的信效度检验是无止境的，因此对编制的运动员积极心理资本量表进行再次施测，并进一步对量表的内部一致性信度、结构效度以及同时效度进行检验，进而验证运动员积极心理资本量表的测量学有效性。

5.2.2　研究方法

5.2.2.1　被试

运动员心理资本量表的结构效度以及校标关联效度验证的被试群体为：国家水球队，国家游泳队，天津市游泳队，天津市射击队，广东省女子足球队，山东省橄榄球队，天津市田径队，天津市跆拳道队，天津市第一中学体育俱乐部，沈阳某体育院校运动训练专业在校大学生。有效被试共计325人，其中男生219人，女生106人；运动健将34人，一级运动员127人，二级运动员103人，三级运动员及无等级运动员61人；年龄在12~30岁之间，最近一个月平均每周运动次数6次，每周平均运动时间9小时，有省级以上运动成绩的147人，市级以上运动成绩的37人。

5.2.2.2　量具

采用本课题编制的由30道题目构成的运动员积极心理资本量表来对运动员的积极心理资本进行监测。

此外，本研究采用的《运动员心理疲劳量表》是国内学者孙晓国和张力为（2013）针对Raedeke和Smith编制的《运动员心理疲劳量表》（Athlete Burnout Questionnaire，ABQ）中的某些原始条目语义与国内文化差别较大等问题进行修改的版本。该量表包括3个维度，分别是情绪/体力耗竭、低个人成就感和对运动的消极评价，每个维度各有5个条目，共计15道题。重新翻译后的量表信效度良好，情绪/体力耗竭、低个人成就感和对运动的消极评价三个维度的Cronbach's α系数分别为0.81、0.61、0.79（王希，2015）。

5.2.2.3　程序

第一，对修订后的量表进行重测信度和内部一致性信度检验，进一步检验量表的信度。

第二，对量表进行验证性因素分析，检验量表的结构效度。

第三，进行与校标相关程度检验，检查量表的校标关联效度。

5.2.3　研究结果

5.2.3.1　运动员积极心理资本量表的重测信度

为了进一步检验运动员积极心理资本量表的重测信度，在正式量表的发放过程中抽取22名天津体育学院在训大学生为重测信度的研究对象，本次测量分别进行前后两次，时间间隔为两个星期，由老师安排教室统一进行量表的发放与回收。

重测信度计算结果表明各分量表的再测信度分别为：自我效能分量表重测信度为0.735，$p < 0.05$，达到显著相关水平；积极乐观分量表重测信度为0.765，$p < 0.05$，达到显著相关水平；心理韧性分量表重测信度为0.686，$p < 0.05$，达到显著相关水平；感恩奉献分量表重测信度为0.762，$p < 0.05$，达到显著相关水平；追求卓越分量表重测信度为0.560，$p = 0.007$，$P < 0.05$，达到显著相关水平；总量表重测信度为0.752，$p < 0.05$，达到显著相关水平。关于重测信度，一般心理测量学界定的要求为量表重测信度系数低于0.4表示量表信度较差，大于0.75

表示信度良好。本研究各分量表及总量表的再测信度系数值均在合理取值范围内，并达到显著相关水平，表示此量表的整体稳定性属于较好水平，量表的再测信度良好。

表16　运动员积极心理资本总量表及各分量表的重测信度

	测量人数(n)	积差相关系数(r)	P
自我效能分量表	22	.735**	0.000
积极乐观分量表	22	.765**	0.000
心理韧性分量表	22	.686**	0.000
感恩奉献分量表	22	.762**	0.000
追求卓越分量表	22	.560**	0.007
积极心理资本总量表	22	.752**	0.000

5.2.3.2　运动员积极心理资本量表的内部一致性信度

为了进一步检验运动员积极心理资本量表的信度，本研究采用的是内部一致性Cronbach's α系数（即同质性信度检验），进行量表的信度考察。通过对第二轮量表收集到的运动员积极心理资本数据进行内部一致性系数分析，具体如表17所示：

表17　运动员积极心理资本量表及各分量表的Cronbach's α系数

	测量人数	Cronbach's α系数
自我效能分量表	325	0.823
积极乐观分量表	325	0.750
心理韧性分量表	325	0.824
感恩奉献分量表	325	0.839
追求卓越分量表	325	0.784
积极心理资本总量表	325	0.943

在进行正式量表施测后进行了内部一致性系数计算，Cronbach's α值的观测，发现本量表的内部一致性系数为0.943，各个维度的信度也都在0.70以上，信度较高，即自我效能感的信度为0.823，积极乐观维度的信度为0.750，心理韧性维度的信度为0.824，感恩奉献维度的信度为0.839，追求卓越的维度的信度为0.784，说明正式量表的信度较高，可以进行下一步的分析检验，在信度方面，在本量表中可以用来作为有效的量表，符合测量标准范围内，并且也可以说明正式量表具有良好的信度。

5.2.3.3　运动员积极心理资本量表的结构效度

为了进一步检验运动员积极心理资本量表的结构效度，本研究采用 Amos 22.0统计软件，应用最大似然法（Maximum Likelihood，简称 ML），对本量表最终保留下的30个题目做结构方程模型（Structure Equation Model，简称 SEM）检验，样本量为325，数据类型为原始数据。结构方程分析结果如图1及表18所示。

通过验证性分析结果，可以看出，虽然本研究中的模型的 x^2 值达到了显著水平，说明该理论模型与数据有显著差异，本研究中的运动员心理资本成分结构模型不能较好地拟合原始数据的协方差矩阵。但是，有研究表明，显著性差异这一指标太过于严格，并且对收集数据的样本量非常敏感，因此，假设模型与观测数据的较小差距都可造成检验的显著性差异，因此，在本研究中还应考察其他拟合优度指标（张力为，符明秋，1999）。对验证性分析结果进一步的分析表明，x^2/df 值为2.432，符合5以内的拟合优度标准。CFI 和 AGFI 两项指标均达到接近0.90（拟合优度较好）的标准。RMSEA 指标为0.069，符合小于

0.08（可接受的拟合优度）的标准。

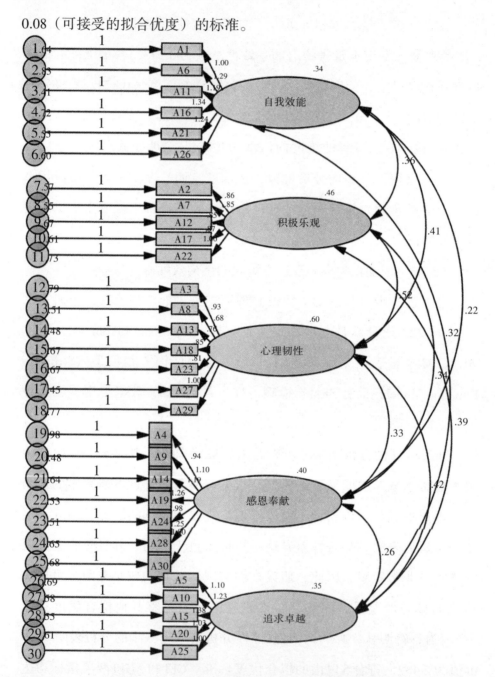

图1　运动员积极心理资本测量模型

表18　修正后量表因素模型的拟合指标

拟合指标	x^2/df	p	GFI	AGFI	CFI	IFI	TLI	RMSEA
拟合值	2.432	0.000	0.871	0.857	0.860	0.861	0.846	0.069

此外，对最终形成的运动员积极心理资本量表进行各分量表之间以及分量表与总量表之间的相关检验得到相关矩阵（详见表19），结果表明各分量表之间的相关均达到了显著水平。其中各因素之间的相关在0.302~0.574中度相关水平，而各因素与总分的相关达到了0.70以上，表明各分量表测量的是同一因素的不同方面，即各因素不仅具有独立性，又同属于一个属性。这说明运动员积极心理资本可以用5个维度来测量，运动员积极心理资本的五因素相关模型拟合可以接受。

表19　运动员积极心理资本各维度以及总分之间的相关

	自我效能分量表	积极乐观分量表	心理韧性分量表	感恩奉献分量表	追求卓越分量表	总量表
自我效能分量表	1					
积极乐观分量表	.463**	1				
心理韧性分量表	.517**	.571**	1			
感恩奉献分量表	.302**	.420**	.349**	1		
追求卓越分量表	.498**	.549**	.554**	.574**	1	
总量表	.702**	.762**	.780**	.754**	.862**	1

注：** $p < 0.01$

5.2.3.4　运动员积极心理资本量表的效标关联效度

为了检验运动员积极心理资本量表的效标关联效度，本研究以心理疲劳为校标，对运动员积极心理资本量表的校标效度进行检验，具体结果如表20所示。

表20　运动员积极心理资本量表各维度及总分与心理疲劳的相关

积极心理资本	心理疲劳
自我效能分量表	−0.204**
积极乐观分量表	−0.249**
心理韧性分量表	−0.264**
感恩奉献分量表	−0.303**
追求卓越分量表	−0.245**
总量表	−0.325**

注：** $p < 0.01$

　　根据结果显示，运动员积极心理资本的五个维度均与运动员心理疲劳呈现显著负相关，相关系数在−0.204至−0.303之间，说明本研究编制的运动员积极心理资本量表具有一定的校标关联效度。运动员心理疲劳评定量表与运动员积极心理资本总分的相关为−0.325，运动员的积极心理资本与心理疲劳呈负相关则说明运动员的积极心理资本可以改善运动员的心理疲劳问题，同时也验证了本研究前面的假设；说明本研究编制的运动员积极心理资本量表在运动员心理疲劳方面具有较好的预测作用。

5.2.4　分析与讨论

　　为了进一步检验《运动员积极心理资本》正式量表的质量，需要考察量表的可靠性和有效性，即信度和效度。本研究检验内容包括：量表的内部一致性信度、重测信度检验、结构效度检验、效标关联效度检验等4个方面。检验结果显示，《运动员积极心理资本》正式量表的内部一致性系数为0.943，各个维度的信度也都在0.70以上，其中自我效能感的信度为0.823，积极乐观维度的信度为0.750，心理韧性维度的信度为0.824，感恩奉献维度的信度为0.839，追求卓越的维度的信度为0.784，说明正式量表的内部一致性信度较高。

《运动员积极心理资本》正式量表的5个分量表间隔两个星期的重测信度，均已达到显著水平，其中自我效能分量表重测信度为0.735，$p < 0.05$，达到显著相关水平；积极乐观分量表重测信度为0.765，$p < 0.05$，达到显著相关水平；心理韧性分量表重测信度为0.686，$p < 0.05$，达到显著相关水平；感恩奉献分量表重测信度为0.762，$p < 0.05$，达到显著相关水平；追求卓越分量表重测信度为0.560，$p = 0.007$，$P < 0.05$，达到显著相关水平；总量表重测信度为0.752，$p < 0.05$，达到显著相关水平。本研究各分量表及总量表的再测信度系数值均在合理取值范围内，并达到显著相关水平，表示此量表的整体稳定性属于较好水平，量表的再测信度良好。

《运动员积极心理资本》正式量表的结构效度检验结果显示，模型的$x2/df$值为2.432，符合5以内的拟合优度标准。CFI和AGFI两项指标均达到或接近0.90（拟合优度较好）的标准。RMSEA指标为0.069，符合小于0.08（可接受的拟合优度）的标准，说明本研究中的模型的整体拟合优度尚可，基本上达到了测量学要求，在可以接受范围之类。各因素之间的相关在0.302~0.574中度相关水平，而各因素与总分的相关达到了0.70以上，表明各分量表测量的是同一因素的不同方面，即各因素不仅具有独立性，又同属于一个属性。这说明运动员积极心理资本可以用5个维度来测量，运动员积极心理资本的五因素相关模型拟合可以接受。

《运动员积极心理资本》正式量表的校标关联效度检验结果显示，运动员心理疲劳评定量表与运动员积极心理资本总分的相关为-0.325，达到了显著相关。表明本研究编制的运动员积极心理资本量表具有较好的校标关联效度。

以上结果表明，本研究编制的运动员积极心理资本量表可以对运动员的积极心理资本进行可靠、有效的测量，量表的信、效度指标符合测量学的标准，是测量运动员积极心理资本的有效工具。

5.3　小结

本研究根据半结构式访谈结果，采用扎根理论对收集到的文本资料进行了质性分析，并参考了现有信效度较好的心理资本量表和单个维度的量表，形成了《运动员积极心理资本》初测量表。量表由5个维度构成，每个维度包含10个条目，共包含50个条目。

初测量表的施测总共收集有效数据为322份，通过对这些有效数据的分析，进一步对初测量表中项目进行了筛选。对数据进行了项目分析，并比较了分析之后的项目区分度值、题总相关和题他相关对应的数值的变化，删除了项目区分度较低、题总相关低的项目。经过以上的项目分析工作，最终删除掉了20条项目，并对留下的30个题目进行了一定的调整，形成最终的正式量表。本研究编制的《运动员积极心理资本》正式量表的结构成分不变，依然由五个维度构成，包含30个条目。其中自我效能维度包含6个条目，积极乐观维度包含5个条目，心理韧性维度包含7个条目，感恩奉献维度包括7个条目，追求卓越维度包括5个条目。

通过对325名运动员重新施测，对《运动员积极心理资本》正式量表的信度和效度进行了检验。结果发现，该量表具有较好的内部一致性信度、重测信度，具有较高的校标关联效度（运动员心理疲劳评定量表与运动员积极心理资本总分的相关为−0.325），同时《运动员积极心理资本》正式量表的五因素模型具有清晰的结构，结构效度较好。

综上，本研究编制的运动员积极心理资本量表具有较好的信效度，可以作为测量运动员积极心理资本的有效工具。

第六章

研究 3：运动员积极心理资本的价值

6.1 研究目的

本研究的主要目的是通过运动员积极心理资本与运动员心理疲劳、满意感、投入以及职业发展等的关系，进而确定运动员积极心理资本的价值所在。即研究运动员积极心理资本在运动员职业发展过程中的影响。

6.2 研究方法

6.2.1 研究参与者

本研究对象选取天津市游泳队，天津市射击队，广东省女子足球队，山东省橄榄球队，天津市田径队，天津市跆拳道队，天津市第一中学体育俱乐部，沈阳某体育院校运动训练专业在校大学生。有效被试对象共计 246 人，其中男生 160 人，女生 86 人，年龄为 19.04±3.656 岁。

6.2.2　量具

6.2.2.1　运动员积极心理资本量表

采用本课题编制的由 30 道题目构成的运动员积极心理资本量表对运动员的积极心理资本进行监测。在本次测量中，自我效能的内部一致性系数为 0.836，积极乐观的内部一致性系数为 0.753，心理韧性的内部一致性系数为 0.810，感恩奉献的内部一致性系数为 0.844，追求卓越的内部一致性系数为 0.781。这表明本量表的信度可以接受，可以作为测量运动员积极心理资本的量具，也再次检验了本量表的内部一致性信度。

6.2.2.2　运动员心理疲劳量表

本研究采用的《运动员心理疲劳量表》是国内学者孙晓国和张力为（2013）针对 Raedeke 和 Smith 编制的《运动员心理疲劳量表》中的某些原始条目语义与国内文化差别较大等问题进行修改的版本。该量表包括 3 个维度，分别是情绪体力耗竭、低个人成就感和对运动的负评价，每个维度各有 5 个条目，共计 15 道题。重新翻译后的量表信效度良好，情绪体力耗竭、低个人成就感和对运动的负评价三个维度的 Cronbach's α 系数分别为 0.81、0.61、0.79。本次测量中，成就感降低维度的内部一致性系数为 0.576，情绪体力耗竭的内部一致性系数为 0.867，运动负评价维度的内部一致性系数为 0.860。

6.2.2.3　训练比赛满意感量表

本研究采用张力为、梁展鹏（2002）编制的训练比赛满意感问卷来测量运动员对其训练和比赛的满意感。本次测量中，训练比赛满意感的内部一致性系数为0.834，表明本量表的信度可以接受，可以作为测量训练比赛满意感的量具。

6.2.2.4　运动动机量表

本研究使用张力为（2001）编制的由3道题目构成的运动回避倾向问卷来测量运动员的退出意愿。在本次测量中，回避倾向问卷的内部一致性系数为0.767，表明本量表的信度可以接受，可以作为测量运动员退出意愿的量具。

6.3　研究结果

6.3.1　运动员积极心理资本对心理疲劳的预测

为了探讨运动员积极心理资本对运动员心理疲劳的预测作用，本研究以运动员的心理疲劳为因变量，以积极心理资本的5个维度为自变量来进行标准多元回归分析，结果如表21所示。由表21可知，运动员的积极心理资本整体上可以有效预测运动员的心理疲劳，可以解释运动员心理疲劳总方差的12.3%，即运动员的积极心理资本越高，其越不容易产生心理疲劳。但其中，只有感恩奉献维度的标准化回归系数显著（$\beta=-.289$），而其他维度的标准化回归系数均不显著。

表21　运动员积极心理资本对心理疲劳的多元回归分析（Enter法）

被预测变量	预测变量	R²	F 值	Beta	t
运动员心理疲劳	自我效能	.123	6.760***	.134	1.377
	积极乐观			.057	.508
	心理韧性			−.179	−1.575
	感恩奉献			−.289	−3.612*
	追求卓越			−.069	−.642

注：*p<0.05，**p<0.01，***p<0.001

6.3.2　运动员积极心理资本对训练比赛满意感的预测

为了探讨运动员积极心理资本对运动员训练比赛满意感的预测作用，本研究以运动员的训练比赛满意感为因变量，以积极心理资本的五个维度为自变量来进行标准多元回归分析，结果如表22所示。由表22可知，运动员的积极心理资本整体上可以有效预测运动员的训练比赛满意感，可以解释运动员训练比赛满意感总方差的6.2%，即运动员的积极心理资本越高，其训练比赛满意感越好。但其中，只有感恩奉献维度的标准化回归系数显著（β=.218），其他维度的标准化回归系数均不显著。

表22　运动员积极心理资本对训练比赛满意感的多元回归分析（Enter 法）

被预测变量	预测变量	R2	F 值	Beta	t
训练比赛满意感	自我效能	.062	3.139**	.104	1.028
	积极乐观			−.087	−.748
	心理韧性			.140	1.180
	感恩奉献			.218	2.605*
	追求卓越			−.130	−1.154

注：*p<0.05，**p<0.01，***p<0.001

6.3.3　运动员积极心理资本对退出意愿的预测

为了探讨运动员积极心理资本对运动员退出意愿（回避倾向）的预测作用，本研究以运动员的退出意愿为因变量，以积极心理资本的五个维度为自变量来进行标准多元回归分析，结果如表23所示。由表23可知，运动员的积极心理资本整体上可以有效预测运动员的退出意愿，可以解释运动员退出意愿总方差的10.7%，即运动员的积极心理资本越高，其越不容易产生退出意愿。其中，自我效能（β=−.378）以及感恩奉献（β=−.261）两个积极心理资本维度的标准化回归系数显著，其他三个维度的标准化回归系数并不显著。

表23 运动员积极心理资本对退出意愿的多元回归分析
（Enter 法）

被预测变量	预测变量	R^2	F值	Beta	t
退出意愿	自我效能	.107	5.614***	−.378	3.759***
	积极乐观			−.108	−.947
	心理韧性			−.065	−.557
	感恩奉献			−.261	−3.182***
	追求卓越			−.084	−.763

注：*p<0.05，**p<0.01，***p<0.001

6.4 分析与讨论

　　运动员在训练和比赛中常用的监控心理状态的指标，主要包括心理疲劳、动机、训练比赛满意感等。因此，研究3的主要目的在于探讨运动员积极心理资本在运动训练和比赛中的可能价值。因此，本研究着重分析了积极心理资本对运动员积极参与训练比赛、减少心理疲劳、退出意愿等的影响。

　　本研究发现，运动员的积极心理资本确实是提高运动员参与职业训练和比赛的积极投入程度、减少训练和比赛的负面影响的重要利器。已有学者通过理论分析指出，积极的心理资本是个体应对心理疲劳的重要心理资源，较高的心理资本往往与较低的心理疲劳相关（张连成，李四化，刘羽，2014）。Kim 等（Kim，Kim，Newman，Ferris，& Perrewé，2019）曾从体育部门招募了708名员工，探讨了心理资本的各种原因和结果，并考察了心理资本在体育员工的心理健康和工作满意度中的作用。结果表明，心理资本在员工有意义的工作、支持性的组织氛围与高水平的工作满意度、心理幸福感之间起到部分或完全中介作用，可见心理资本是影响体育部门员工工作满意感和心理健康的重要因素。Pang、Li、Pu和Huang（2020）的调查研究发现，心理资本在提高运动成绩和篮球运动员的能力方面具有重要作用，心理资本是心理支持等心理因素影响运动成绩的重要中介变量。

另外也有实证研究探讨了积极心理资本与心理疲劳的关系。例如，曾馨莹（2019）的研究通过对207名拳击、皮划艇、赛艇、跆拳道、射击等项目的运动员的调查发现，运动员的心理资本水平越高，其职业倦怠感（心理疲劳的另一种翻译）越低，职业认同感也越高。此外，在对运动员幸福感的研究中还发现，积极心理资本在社会支持预测个体主观幸福感中具有中介作用，并对个体的工作性能有所提高（Li et al.，2014）。吕旭涛，李巧灵，刘康昱（2018）的研究通过对243名普通高校高水平篮球运动员的调查发现，高水平篮球运动员应对自我效能对其赛前焦虑具有显著的负向预测效果，对其心理疲劳具有显著的负向预测效果。这提示，提升运动员的自我效能等心理资本可能是降低赛前焦虑和心理疲劳的重要策略。具体而言，如果运动员的积极心理资本越高，心理疲劳程度和离职意愿越低，而训练比赛中的积极性越高，满意感越强。Sorkkila等（Sorkkila, Tolvanen, Aunola, & Ryba, 2019）对491名芬兰学生运动员（49%为女性）高中三年内进行了四次问卷调查。结果发现，运动员的心理韧性越高，越不容易感受到心理疲劳，退出意愿越低。这表明运动员的积极心理资本具有较好的应用价值。

其中，感恩奉献对运动员心理疲劳、训练比赛满意感、退出意愿等均具有显著预测作用。感恩奉献是运动员对他人的付出有正确积极的认识，并充满感激，以实现自我或他人期望等行为为回报，是支撑运动员职业生涯继续前行的精神动力，也是中华民族的传统美德。前人研究发现，感恩奉献源于中华民族的传统美德，如果运动员不懂感恩，既会伤了教练员的心，也会断了队友间的情，最终可能会让自己陷入孤立无援的境地（董良山等，2016）。运动员的感恩品质既能直接促进运动投入，也能通过改善教练员—运动员关系间接促进运动投入（王斌等，2014）。感恩奉献可增加运动员的心理应对资源，促进运动员训练和比赛行为的积极变化，同时也可以帮助运动员建立和维持良好的人际关系网络（董良山等，2016）。Chen 和 Chang（2014）采用交叉滞后研究设计探讨了感恩与青少年运动员心理疲劳的关系，这项研究发现运动员的心理疲劳经历会降低运动员的感恩体验。Ruser 等（Ruser，Yukhymenko-Lescroart，Gilbert，Gilbert，& Moore，2020）的研究发现，感恩可以预测运动员的心理疲劳，运动状态感恩是心理疲劳最准确的负向预测因子，运动状态感恩与职业心理疲劳之间存在着正相关关系，教练—运动员关系越好的运动员可能会经历更多的感恩，教练员—运动员关系在运动状态感恩与运动员心理疲劳间起到重要中介作用。Gabana 等（Gabana，Steinfeldt，Wong，& Chung，2017）的研究以 293 名美国大学生运动员为研究对象，探讨了感恩、运动满意度、运动员心理疲劳和社会支持感之间的关系。研究结果表明，感恩与心理疲劳呈负相关，与运动满意度呈正相关。这表明，越是感恩的运动员在大学运动经历中越会经历较低的心理疲劳职业倦怠水平和较高的满意度。感知的社会支持在感恩影响运动员心理疲劳以及运动满意度中间起到重要中介作用。

不仅如此，Gabana（2019）的研究总结到，在运动人群中，拥有较高感恩水平的运动员也会获得更多的社会支持、生活和运动满意度、团队凝聚力和较低的心理疲劳水平。Chen、Wu和Chen（2015）的研究招募了29名优秀的学生运动员，并在10周内完成了每周的问卷调查，这些问卷动态测量了他们的感恩、生活满意度和情绪表达的矛盾情绪。结果发现，每周的感恩分数可以正向预测每周的生活满意度，但当每周的矛盾情绪较高时，这种相关性较弱。Chen（2013）的研究邀请了291名青少年运动员进行感恩、幸福感以及社会支持的测量。结果表明，感恩与运动员的幸福感呈正相关，教练和队友的社会支持都在一定程度上调节了感激与运动员幸福感之间的关系。由此可见，感恩是运动员改善负性心理状态，提升训练比赛质量的重要心理资源。

此外，运动员的自我效能也可以有效预测运动员的退出意愿。如前所述，自我效能是运动员肯定自我的能力，对完成任务的自信，对即将或未来需要完成的目标充满信心。它对于运动员训练比赛绩效、身心成长和职业发展具有重要意义。Koçak（2019）的研究通过对173名高水平排球运动员自我效能感与其心理疲劳的调查发现，总体自我效能感水平高的运动员比一般运动员心理疲劳程度低，其退出意愿更不强烈。关于其他人群的研究也发现类似结果。例如，护士群体的自我效能越高，越不容易产生离职意愿（胡梦梦，皮红英，2014）。可见，自我效能越高，运动员对训练比赛的信心越强，投入越多越积极，自我设限倾向越不明显，从而产生更低的运动退出意愿。

综上，运动员的积极心理资本作为运动员的宝贵财富，无论是在训练还是比赛中均具有重要的应用价值。不仅如此，依据以往研究，心理资本是继人力资本、社会资本以外的第三资本，是个体职业成功的重要心理变量（周文霞等，2015）。Suseno和Gengatharen（2018）将运动员的自我效能感、希望、乐观和韧性等心理资本作为影响运动员整体品牌形象的重要影响因素进行探讨，认为其与人力资本、社会资本和领导资本一同是影响运动员整体品牌形象的各种资本形式。

熊猛和叶一舵（2016）的研究指出，积极心理资本超越了人力资本和社会资本，是一种能够被有效开发和管理，并能够对个体的工作态度、工作行为、工作绩效、幸福感等方面产生重要影响的核心积极心理要素。心理资本同人力资本、社会资本、金融资本等一样，也是影响退役运动员成功融入社会的重要影响因素（蒋越，2019）。心理资本是影响教练员创新行为的内在动力（仇飞云，刘兵，2018）。邝宏达、徐礼平和李林英（2018）通过质性研究发现，教练的积极心理资本可以积极影响其工作绩效。

Kim、Do Kim和Lee（2020）通过对224名参加美国大学校际田径比赛的运动员的调查，探讨了教练员真实领导力与运动员心理资本、表现满意度及心理健康的关系。结果表明，教练员的真实领导能力对运动员心理资本水平有正向影响，心理资本水平的增强反过来也会对表现满意度和心理健康产生积极影响。该研究提示，心理资本的增强可以有效增强运动员的表现满意度和心理健康。Lai等（Lai, Hsieh, Chang, & Ni, 2020）的研究探讨了心理资本对运动员表现及职业发展的影响。该研究以中国台湾800名初中、高中棒球运动员为对象，采用结构问卷进行问卷调查，问卷有效回复率为80.9%。本研究采用验证性因素分析来验证运动员心理资本、运动表现与职业发展的关系。结果表明，心理资本对被试的运动成绩和职业发展均有显著影响。该研究提示，虽然许多棒球运动员梦想成为职业选手，但高强度的训练加上心理压力和伤病可能会增加运动员的倦怠，并可能导致运动员退出并追求其他职业，而以往的心理资本研究结果表明，心理资本对减压有积极的影响。因此，对运动员来说，在职业生涯中管理好自己的心理资本是非常重要的。

由此可以推测，运动员在职业生涯中所开发、发展、形成的积极心理资本也将会对其未来的学习、生活、职业的成功过渡等提供优质心理资源，是运动员的终身财富。因此，运动队管理者、教练员等应该重视，并积极投入开发运动员的心理资本的相关研究工作中，进而为运动员业生涯的成功以及人生的成功打下坚实基础。

6.5 小结

本研究通过探讨运动员积极心理资本与运动员心理疲劳、满意感、训练或比赛投入以及职业发展等的关系，进而确定了运动员积极心理资本的价值所在。研究发现，运动员积极心理资本可以正向预测运动员训练比赛中的满意感，负向预测运动员的退出意愿和心理疲劳。上述结果提示：运动员积极心理资本是运动员降低心理疲劳，减少离职意愿的有效缓冲器，提高运动员积极心理资本也是增加训练和比赛满意感的有效策略，在运动员的职业发展过程中具有重要影响。

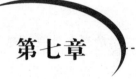

第七章

研究4：运动员积极心理资本的
开发

积极心理资本理论之所以盛行，其重要原因之一就是心理资本具有可开发性，即通过干预可以得到提升。Luthans等在2005年提出了著名的心理资本干预模型，并通过实证研究验证了该模型的有效性。该模型就树立希望、培养乐观精神、提升自我效能和增强心理韧性提出了一整套极具操作性的促进措施（邵建平，张钦华，张建平，2010）。实证方面的研究也发现，通过积极的干预可以对积极心理资本起到提升作用（秦剑博，袁爱华，2019）。然而，这一心理资本干预模型目前鲜有应用于运动员积极心理资本提升方面的研究，而积极心理资本（自我效能、希望乐观、心理韧性、感恩奉献、追求卓越等）对运动员训练、比赛、职业发展的积极作用也越来越被教练员、运动员以及体育科研工作者所重视。因此，对运动员积极心理资本的管理和开发是必不可少的，研究4将尝试根据心理资本理论及其干预模型，结合运动员群体的独特性，给出一些开发运动员心理资本的策略，以供教练和运动员参考。

7.1 自我效能的开发策略

7.1.1 提高运动员的自我肯定

自我肯定有助于维护个体自我的完整性，尤其是当个体受到威胁时，能帮助个体更好地适应环境。帮助运动员提高自我肯定可以采用以下几个措施：

第一，成功体验法，让运动员经常体验到成功的经历，例如表象过往成功的比赛动作和情景。成功的经验才是提高自我效能最有效的方法。只有认真对待每一次的比赛和训练，及时、准确地做好赛前和赛后准备，并在每次比赛后总结经验，才能帮助自己提高运动技能以及自我效能。

第二，多运用积极的言语评定。高自我效能除了运动员自己去建立之外，很重要的一点是需要教练员和同伴之间的互动。对运动员来说，教练员是生活中陪伴时间较长的人，是技术上最了解自己的人，说的话自然也是最有分量的。所以，在训练中和赛场上，教练员的鼓励、积极性的语言是帮助运动员建立自我效能的较好策略。但是鼓励和积极性的语言并不是凭空捏造的，这需要教练员根据每个运动员的实际情况，寻找他每一天训练中的进步之处，结合实际对其进行言语上的鼓励才更能有效。另外，朝夕相伴的队友之间的相互鼓励也能帮助运动员建立积极的自我效能。

第三，发掘个人的长处，与对手进行合理比较，建立积极的自我评价。

第四，采用积极、肯定性的言语进行自我暗示，如"坚持""镇定"等。

第五，发挥榜样的作用，榜样常常可以帮助人们树立目标，提高克服困难的信心和勇气。比如，运动员可以从榜样身上发现坚持的理由和自己能行的替代经验。

7.1.2 提高运动员的任务自信

运动员对任务完成的自信往往决定了运动员在赛场上的所思所想，因此强调对任务的自信是提高运动员自我效能的重要方面。例如，强调对任务的分解，然后找到自己在哪些技术环节上的优势，并参考自身以前完成任务的情况进行评估。另外，依据具身认知理论及其最近研究成果，通过外显的、夸大的外部动作来提高自信（陈荔，2014）。因此，可以尝试如下做法（张力为，2020）：

抬头而不是低头面对对手；

做事时，尽量反应迅速，动作敏捷；

与别人交谈时：正视对方的眼睛，大声回答对方提问，适当做些大型手势，尽量多地保持微笑；

握手时要多用力，让对方感到你的力量；

签名时有意将自己的名字写得大一些；

得分后，取胜后，夸大握拳动作，等等。

7.1.3 降低对比赛结果的畏惧

运动员对比赛结果畏惧的根源往往在于对比赛结果不确定的担忧，由此产生怀疑自己的实力、技术水平是否能够应对本场比赛。因此，要想提高自我效能，降低对比赛结果的畏惧，最重要的是应当要求运动员关注可控因素，忽略不可控因素（张力为，毕晓婷，2009）。要做到关注可控因素，有三个重要步骤：第一，要引导运动员分析决定比赛进程和结果的那些重要因素中，哪些是可控因素，哪些是不可控因素；第二，要求运动员制定解决可控因素问题的操作方案；第三，在日常训练中反复强调和实际落实这一操作方案（张力为，2006；张力为，毕晓婷，2009）。例如，对于足球比赛而言，裁判、天气、对手、准备活动、体能分配、赛前饮食、战术等，对比赛结果均有重要影响，但是，比较而言，前3项因素不可控性较强，后4项因素可控性较强，因此，应鼓励和要求运动员把注意集中在准备活动、体能分配、赛前饮食和战术等可控性较强的因素上；然后，要求运动员制定做好这4件事情的具体操作方案，例如，制定上半场和下半场体力分配的具体方案；最后，在训练中根据具体方案进行反复的实际演练（张力为，2006；张力为，毕晓婷，2009）。

另外，担心失误也是对比赛结果畏惧的表现之一。比赛场上，运动员可能会因为多种原因产生失误，如过于紧张、准备不足、注意分散等。以下方法有助于减少失误及其所带来的消极影响：首先，做好赛前准备，如：全面、详细地了解比赛安排，对比赛中可能遇到的突发事件都事先考虑周全，对于比赛时出现失误如何应对也有预先准备的方案。其次，做好赛前行为对策库，做到有备无患，进而减少对比赛结果的畏惧。

7.2　心理韧性的开发策略

7.2.1　提高运动员的意志力

意志力往往与困难和挫折联系在一起。因此，要想提高运动员的意志力至少有两大类策略：第一类是如何看待困难和挫折的情境，第二类是如何克服困难与挫折。

如何看待困难和挫折的情境。面对困境，或许你无法控制态势，但你可以决定态度。有什么样的思想，就会有什么样的行为，积极的心态是积极行为的前提。当你在训练或者比赛中遇到问题时，告诉自己"放轻松，事情并没有我想象的那么糟糕"，同时转换思维，积极寻找解决问题的办法，要相信办法总比困难多。遇到困难或者挫折并不可怕，可怕的是在下一次遇到问题时，仍然不知道如何解决。为避免"在同一个地方摔倒两次"，运动员需要把这些经验教训记录下来，耐心总结，并时常温习。不断寻找改进的方法，提高自己应对逆境的水平，使自己在遇到类似事件时能够更加快速高效的处理，不再犯不必要的错误。

如何战胜苦难与挫折。行动是摆脱困境的最好方法。比起昨天的挫折和失败，更重要的是接下来的所作所为，因为这才决定了明天会收获什么。当习惯性地用行动来代替沮丧时，生活将会更为充实，面对问题时心理承受能力也会变得更为强大。成功离不开坚持，离不开与干扰做斗争。应该尽可能地减少干扰因素对自己的影响。表现在具体事件中，例如，运动员如果想要早睡早起，进而保证第二天的训练质量，那么玩手机、看电视就是干扰事件。此时，可以采取将遥控器放在隔壁房间，将手机提前关机等策略来减少干扰，进而形成有利于促使运动员做到自控、自律的客观环境。减少干扰也可以通过降低要做的事情的难度的方法，例如，早晨起来想去锻炼，那么提前将锻炼所需要的服装等提前准备好，早晨起来就可以直接穿上，做好锻炼的准备，这样就减少了不去锻炼的某些借口，进而促进运动员积极地坚持好行为。另外，将必须做的事情与想要做的事情联系在一起这一策略也较为有效。将必须要做的事情与想要做的事情（乐于做的事情）联系在一起，进而建立积极的强化。例如，运动员不想每晚写训练日记，喜欢看电视，那么可以在看喜欢的电视节目之前，将训练日记写好，这样看电视就是写训练日记的积极强化，长期坚持，就形成了主动积极写训练日记的好习惯。

更重要是的记住时间会帮你的忙。当你长期坚持做某件事或形成某种习惯之后，也许会突然发现原来你所不能解决的问题，随着时间的推移，在不经意间已经变得不那么棘手了。

7.2.2　提高运动员的恢复力

运动员的恢复力主要表现在自我调控能力的强弱上，自我恢复力的高低，尤其是面对困境后，如何调整自己，恢复到常态是对运动员来说极为重要的一种能力。

对于困难的解释方式，往往是运动员是否继续坚持的重要影响因素。因此，帮助运动员形成积极的成长型思维是培养运动员恢复力的重要策略。例如，有些运动员经常说，"我就是不懂"，将这一思维改为"我忽略了什么吗"；再比如将"我的能力达不到"转变为"问题没有方法多，此路不通，换个方法"；"这太复杂了，我不可能完成"改为"只要花时间和精力，一切皆有可能"；将"我做得足够好了，已经达到上限了"改为"没有最好只有更好，也许再努力一些，我就能再提高一点儿"；将"别人比我聪明，我不如她"改为"只要学习她的方法，我也有戏"等等。例如，著名女子网球选手李娜在法网夺冠后，时常因为情绪管理不佳影响场上表现，偶尔还会和观众置气。后来她聘请了卡洛斯作为随队教练，卡洛斯会在赛前给她准备两张纸条，一张关于技战术，一张关于心理。李娜说，卡洛斯最常说的一句话就是，"你要非常自信地原谅自己出现的错误，这是重中之重"。

成长型思维模式是可以被教育和塑造的，就像人的肌肉一样可以通过锻炼塑造。虽然这种思维模式在人的一生中总有机会被改造形成，但对运动员来说形成时间越早越好。告诉队员，努力和不断挑战困难能让他变得越来越聪明。不仅如此，此方法也可以用于开发运动员积极乐观的心理资本，可以说是一种多效的方法。

7.2.3 提高运动员的抗压能力

优秀的运动员需要较好的抗压能力。在高压下能够正常发挥，甚至是超常发挥是运动员积极心理资本的重要体现。比赛中，以弱胜强，黑马心态常是媒体津津乐道的，也是运动员值得去学习的。放低自己的心态，有助于运动员抵抗压力，例如，俄罗斯著名体操运动员霍尔金娜的例子，霍尔金娜当时已经退役，训练很不系统，但在第39届世锦赛上，她拿下了全能冠军。对于自己的表现，霍尔金娜坦言，"我只是不断告诉自己，我只是个普通运动员，这也只是一场普通比赛，我就正常表现就够了"。在大赛之前，运动员如果把心理预期调得过高，很容易适得其反，让自己无从发挥。

另外，如何看待压力也会影响到运动员对压力的承受力。例如，著名网球运动员纳达尔曾经坦言："我也会觉得害怕，也会觉得困惑——因为我知道顶尖球员之间其实相差无几。但我觉得我可以接受困难，并战胜这些困难，而这正是我比许多对手做得更好的地方。"因此，教练员要注重运动员对压力认知的调节，帮助运动员形成积极看待压力的习惯和行为。

7.3 积极乐观的开发策略

7.3.1 培养运动员形成积极归因

归因方式会影响到运动员的日常训练比赛。例如，积极的归因，可以是运动员有效应对困境，更加坚信自己的目标能够实现，并愿意付出更多的努力，而消极的归因，则会破坏运动员的努力意愿，产生无助感。积极归因，可以从习得性乐观和乐观的解释风格两个方面上手进行培养。

习得性乐观帮助运动员在日常训练和生活中，学习处理悲观的事件和想法。首先，明确以往不愉快的事情及其对这件事的惯性想法，然后分析这种想法可能导致的后果，进而转换思维，重新认识和定义不愉快的事情，反驳这种惯性想法和悲观的信念，进而激发新的乐观信念。例如，运动员对于失败的定义，可以考虑将其定义为暂未成功。如果你某次比赛不理想，你会想，我什么都不是，我什么都没做不到。但是如果你理解到的是，我暂未成功，那么你就会明白，训练和学习的步伐不能停止，要继续努力争取未来。

乐观的解释风格积极心理学之父马丁·塞利格曼（Martin E.P. Seligman）曾经将解释风格分为三个维度：个人化—他人化、永久性—暂时性、普遍性—特定的。形成乐观的解释风格，就是帮助运动员在面对事情结果是好的时候，就解释为个人原因，是永久性，普遍的，例如训练比赛成绩进步，乐观的运动员就会归因是自己刻苦的训练（个人化）、个人一直如此（永久性），自己的运动能力值得信任（普遍性）。当面对事情的结果是不好的时候，就解释为他人原因，是暂时的，特定的事件，例如当运动员比赛出现失误，乐观的运动员就会归因是没有做好准备工作（他人化），仅是这次会这样（暂时性），自己在其他方面做得还是不错的（特定的）。

7.3.2　帮助运动员养成积极人格

运动员的积极人格是其一生的宝贵财富。很多优秀的运动员所展示出来的热爱生活，态度积极，遇事豁达，处事从容，不抱怨，对未来有美好的期待等等是值得我们所有运动员去学习的。关于运动员积极人格的养成，可以采取如下措施：

第一，推荐运动员观看电影、书籍等，从中学会处理训练、比赛乃至生活中的苦恼，并理解心理层面的苦恼是不可能消除的观念，我们只能提高与它们搞好关系的能力，学会与它们相处。同时，理解苦恼是有价值、有功能的，比如，恐惧让我们学会了自我保护，担心让我们加倍努力，更有意义的训练和比赛及幸福生活。

第二，鼓励运动员学习中国传统文化，感受文化的魅力，从中潜移默化形成积极人格。例如，"长风破浪会有时，直挂云帆济沧海""老骥伏枥，志在千里。烈士暮年，壮心不已""宝剑锋从磨砺出，梅花香自苦寒来""咬定青山不放松，立根原在破岩中。千磨万击还坚劲，任尔东西南北风""自小刺头深草里，而今渐觉出蓬蒿。时人不识凌云木，直待凌云始道高"等。

第三，建立积极地自我对话。在平时的训练和比赛中，我们经常可以发现一些运动员喜欢自言自语，嘴上总是振振有词，这即所谓的"自我对话"。研究发现，自我对话会影响个体的思考方式，当你对自己说些肯定的话，如"比赛局面会发生变化，谁能坚持到最后，谁就是胜利者，相信自己能够在接下来的比赛中获得成功"，能激发内心的力量。但是，当一个人长期处于焦虑状态时，很容易产生负面的自我对话，而这又会启动负面思维，反过来会加重压力。选择积极的自我对话，采取一种积极的态度。比如，面对一场重大比赛的失利，你会怎么想？这会是一次新的起点吗？我会愈挫愈勇吗？可以从中学到什么？通过这次比赛发现了个人问题所在吗？接下来我应怎样改进？当你换个角度看问题，把失败当作机遇，也许就能很快走出失败的阴影，重新找回自我。

7.3.3 帮助运动员采取有效行动

行胜于言，有效行动是运动员完成训练任务，实现训练目标的保证。优秀的运动员常常主动完成训练任务，训练积极主动，根据目标自我调整，尝试多种方法达到训练目标。因此，为了帮助运动员采取有效行动，教练员可以尝试以下策略：

第一，帮助运动员建立清晰的任务反馈，定期总结，尝试给出解决问题的办法、策略、行动等。

第二，发现问题时，采取问题解决的应对策略，着重解决造成逆境的环境因素，如不适应对手的打法、比赛环境，赛前就主动开展适应性训练等。

第三，借助常用的心理调节方法来实现，如渐进放松、注意集中、心理演练、自我暗示、冥想、正念练习、呼吸调节等。这些方法既可单独使用，也可以综合运用。

为使应对方法在比赛时可以灵活应用，在日常或赛前进行相关的心理技能训练是必不可少的。

7.4 感恩奉献的开发策略

如前所述，运动员的感恩奉献主要是由荣誉感、感念、奉献回报构成，围绕这一构成，我们提供了如下提高运动员感恩奉献的方法。

7.4.1 培养运动员的集体荣誉

集体荣誉是运动队维持集体存在的必要条件，而且对队伍潜能的发挥有很重要的作用。一个集体荣誉较强的运动队中，成员都有高度的责任心，与队伍荣辱与共；对队友强烈的关注意识；各成员间愿意交往、友好相处、互相帮助；热爱自己的团队、处处维护队伍的荣誉；

积极参加团队的集体活动；战术配合默契、士气高昂、整体战斗力强等特点。

提高集体荣誉的最好办法就是注重团队文化的建设。文化是无形的约束力，会起到潜移默化的作用。20世纪80年代，中国女子排球队在世界杯、世界锦标赛和奥运会上5次蝉联世界冠军，同时也诞生了"女排精神"，由此也给中国的竞技体育留下了宝贵的精神财富。中国橄榄球队的队训是"我为人人，人人为我"。这些优秀案例可以为培养运动员的集体荣誉提供重要参考。教练员在定期对内总结会上，让运动员分享团队的收获、队友的奉献等来提升团队的荣誉感，尤其是作为某一项目的荣誉感、责任感、使命感、自豪感。

7.4.2 提升运动员的感念能力

有研究发现，90分钟的感恩态度干预后，运动的感恩状态、运动满意度、社会支持等显著增加，心理困扰、运动员心理疲劳等不健康状态显著减少（Gabana，Steinfeldt，Wong，Chung，& Svetina，2019）。可见，可以通过开展感恩团体心理辅导，让运动员通过心理辅导懂得为什么要学会感恩，怎样用实际行动来感恩；激发运动员爱心，树立心中有祖国、心中有教练、心中有队友的情感；培养运动员感恩的价值观，把感恩的意识融入平常训练及生活中。例如，可以开展团体训练"感恩主题绘画"，开展"我想对你说"为主题，通过绘画的形式表达出队员想表达的情感。具体操作步骤如下：（1）组织运动员坐在一起；（2）发给每名队员白纸、彩色笔；（3）要求队员对队友、教练想表达的情感以绘画的形式画出来；（4）在绘画过程中可以播放一些队歌或情感丰富的音乐；（5）绘画结束后要求每名队员介绍自己所画的内容，以及所表达的情感。

此外，还可以开展感恩日记的训练。让运动员和教练员在训练日记中或者朋友圈中写出三句感恩队友、感恩教练，感恩队员的话，进而提升队员之间、教练与队员之间的心理相容，促进团队凝聚力。此策略，本研究团队在某射击队应用效果及其显著，对于改善运动员与教练员关系，提升训练比赛满意感具有显著效果。

7.4.3　提升运动员的奉献回报

让运动员和教练员在放松的状态下，默想如果没有阳光、雨露、森林、食物会怎样，然后思考如果没有国家及省市的支持、教练员的指导、队友的帮助等会怎样。使用该方法的原理在于打破已经习惯的内在适应，摒弃理所当然的心理认识，进而培养出运动员的感恩心态。并在此基础上，让运动写出我愿意为队友、队伍、教练、社会做的3件事，进而提升运动员奉献回报意识和行动。

7.5　追求卓越的开发策略

根据前面建构的运动员积极心理资本结构，追求卓越主要包括自我提高和挑战精神，围绕这两个因素，本研究提供了具体的提高方法。

7.5.1　培养运动员自我提高的意识

自我提高是运动员追求卓越的重要表现，运动员需要不断给自己提高目标，目标是我们努力想要达到的结果。当我们觉得有希望或者是逐渐接近目标时，我们会更加兴奋，更加积极努力。因此，有必要通过设置合理目标来激励运动员。目标激励是指通过设置一些短期的、具体的目标，以及在适当的时候、适当的场合公开自己的目标，来激发运动员追求卓越的动机。具体做法可以参考如下：

第一，短期目标激励法。将长期目标分解成短期的目标，并通过设置短期目标，以此来给运动员以希望，促进其为实现最终目标而行动。

第二，通过设置明确、具体和可进行数量化分析的目标来激发动机。同时，设置合理目标，根据最近发展区理论来设置目标，让其通过努力就能达到该目标，强化其努力的程度。

第三，通过公开目标，引起社会监督，促进自己努力。在适当的时候，让运动员在大家面前公开自己的目标；在教练员面前公开自己的目标；在媒体面前公开自己的目标。

另外，通过积极的内归因以及稳定归因，促进运动员积极努力。将成败原因归于可控制的因素上。例如，"如果我再主动点就好了"。成功时候归因于自己的努力，并提醒自己，对手也在积极努力，很可能要超过自己！失败时候归因于对手的努力，并想下次，自己的努力能够超越对手。

7.5.2　注重运动员挑战精神的培养

运动员挑战精神的培养，首先是有意识的设置竞争情境。设置一些比赛场景，在场景中，对重点需要激励的队员实施激励。例如，"让其感觉到只要努力就可以成功！即使失败，也让其感到就差一步，我就赢了，还需再努力”，等等。

其次，可以通过榜样的力量来激励运动员的挑战精神。榜样的力量是无穷的，通过榜样可以激励运动员向榜样学习，强化运动员继续努力的动机。例如，可以收集那些天分不好，但通过个人不断努力并最终成功的例子，来鼓励运动员；例如"乔丹""梅西""中国杂技团柔术演员邸惠"等；此外，可以建议运动员观看一些具有激发斗志、追求卓越精神的电影，如"阿干正传""面对巨人""三傻大闹宝莱坞"等。

最后，可以采用名人名言激励。通过名人名言，激发运动员继续努力的意愿。例如，乒乓球运动员邓亚萍曾说过："失败不要为自己找借口，只说明不够努力"。篮球运动员科比曾说过："要抓住一切机会，向所有人证明你自己，证明你能够迎接挑战。"再如，跳水运动员郭晶晶曾说过："成功其实很简单，就是强迫自己干下去。"建议教练员让运动员在训练日记中，记下自己认为最有道理的名人名言（尤其是运动员的名言），并适时提醒自己。此外，队员之间可以定期讨论交流，讲述该名言的含义以及对你的启示，并不断更新自己的名言库。

第八章

总结与展望

　　本书基于积极心理学的视角，将积极心理资本的研究扩展到了体育运动领域，通过4个连续的系列研究探讨了运动员积极心理资本的构成、测量、价值及其培养策略，进而为促进运动员职业的积极发展和幸福生活提供了理论依据和实践参考。本书根据我国文化特点和运动员群体特征在原有的积极心理资本结构的基础上，加入了符合我国运动员职业群体的积极心理资本要素，同时也为积极心理资本量表的本土化研究增添了色彩。在实践层面，本书将为运动员有效应对训练和比赛中的困境、提高训练和比赛成绩、实现顺利转型，促进其终生发展等提供启示与帮助。本研究所获得的主要成果如下：

　　1.运动员积极心理资本共由5个维度构成。分别是：自我效能、积极乐观、心理韧性、感恩奉献和追求卓越。其中感恩奉献和追求卓越是我国运动员特有的心理资本维度，体现了本土运动员心理资本结构的独特性。

　　2.通过项目分析，形成运动员积极心理资本正式量表，共由30个项目构成，其中自我效能维度包含6个项目，积极乐观维度包含5个项目，心理韧性维度包含7个项目，感恩奉献维度包括7个项目，追求卓越维度包括5个项目。

3.运动员积极心理资本量表的信效度检验发现，各分量表的内部一致性信度分别为0.823、0.750、0.824、0.839、0.784；总量表的内部一致性信度为0.943；重测信度的积差相关系数分别是0.735、0.765、0.686、0.762、0.560、0.752，且均已达到显著相关水平；量表拟合优度x^2/df为2.432，CFI为0.860和AGFI为0.857，RMSEA为0.069均已达到测量标准，量表结构效度较好。运动员积极心理资本的五个维度均与运动员心理疲劳呈现显著负相关，相关系数介于-0.204至-0.303之间，说明本研究编制的运动员积极心理资本量表具有一定的校标关联效度。总之，运动员积极心理资本量表具有一定的信、效度，可以用来作为测量运动员积极心理资本的有效量具。

4.运动员积极心理资本可以有效预测运动员的心理疲劳、离职意愿和训练比赛满意感，与理论预期方向一致。这表明，积极心理资本是运动员降低心理疲劳，减少离职意愿的有效缓冲器，也是增加训练和比赛满意感的有效途径。因此，教练员应该重视，并积极开发运动员的心理资本，进而为此职业生涯的成功以及人生的成功打下坚实基础。

5.运动员的积极心理资本可以通过特定的策略加以开发，进而促进运动员积极心理资本的提升，为其职业生涯以及终身生活幸福拓展心理资源。

当然，本研究也存在一些不足，期待以后研究予以弥补：

第一，本研究所编制的运动员积极心理资本量表在个别指标上仍然不够好，因此需要后续研究进一步加以修订和验证；

第二，由于本研究时间所限，并未能没有直接收集到积极心理资本在运动员职业生涯后期及顺利转型等方面发挥价值的数据。这提示未来研究可以通过纵向追踪来检验积极心理资本在运动员整个人生发展中的积极价值所在；

第三，运动员积极心理资本的开发策略部分，课题组仅是以个案应用的形式开展了检验，未来研究可能需要通过实验组对照组实验干预的形式来进一步检验，并进一步设计运动员积极心理资本的其他开发策略以及整体开发方案。

附录1 《运动员积极心理资本》初测量表

性别：　　　　年龄：　　　　　运动项目：

运动等级：　　　　　　　　运动年限：

您好！非常感谢您抽出宝贵的时间参与本次调查，本量表是为了解您的一些情况，答案没有对错之分，仅凭您的真实感受作答。如您想要了解调查结果，可在下方留下您的邮箱。请选择符合您的答案，并在对应的等级上打"√"。

项　目	非常不符合	不符合	比较不符合	说不清楚	比较符合	符合	非常符合
1. 我相信,任何一件不如意的事情都会有积极的一面	1	2	3	4	5	6	7
2. 我很感激教练对我的帮助	1	2	3	4	5	6	7
3. 我总能通过自己的努力实现目标	1	2	3	4	5	6	7
4. 我常常把遇到的困难看成是一种挑战而不是威胁	1	2	3	4	5	6	7
5. 遇到挫折我不会放弃目标,而是换一种方式去达到目标	1	2	3	4	5	6	7
6. 我能完成教练分配的任务	1	2	3	4	5	6	7
7. 就算失败我也会继续努力	1	2	3	4	5	6	7
8. 我会尝试多种途径去实现未达成的目标	1	2	3	4	5	6	7
9. 我想取得好成绩回报父母	1	2	3	4	5	6	7
10. 在赛场上,我相信自己能充分发挥	1	2	3	4	5	6	7
11. 我能承受遇到的困难和挫折	1	2	3	4	5	6	7
12. 在比赛中出现失误会促使我更加努力训练	1	2	3	4	5	6	7
13. 面临压力,我也能正常发挥	1	2	3	4	5	6	7
14. 我有实力去参加比赛	1	2	3	4	5	6	7
15. 我相信付出总会有收获	1	2	3	4	5	6	7

项　目	非常不符合	不符合	比较不符合	说不清楚	比较符合	符合	非常符合
16. 即使比赛困难重重,我也会奋战到底	1	2	3	4	5	6	7
17. 比赛的成功,更多来自教练的英明指导	1	2	3	4	5	6	7
18. 对我来说,训练就是要不断地突破	1	2	3	4	5	6	7
19. 我对自己的能力很有信心	1	2	3	4	5	6	7
20. 我一旦决定要做一件事,就不怕遇到困难	1	2	3	4	5	6	7
21. 我会主动积极地完成训练任务来提升自己	1	2	3	4	5	6	7
22. 我相信自己能完成预定目标	1	2	3	4	5	6	7
23. 我相信在未来的比赛中我会发挥得更好	1	2	3	4	5	6	7
24. 我不满足于现在的水平,想要进一步提高	1	2	3	4	5	6	7
25. 对我来说,坚持理想和达到目标是轻而易举的	1	2	3	4	5	6	7
26. 我会想尽办法适应比赛场地,以确保发挥不受影响	1	2	3	4	5	6	7
27. 遇到挫折时,我不会气馁	1	2	3	4	5	6	7
28. 我很感谢遇到的每个教练	1	2	3	4	5	6	7
29. 比赛结束后,我会给自己设定更高的目标	1	2	3	4	5	6	7
30. 在赛场上我相信我的技术不比别人差	1	2	3	4	5	6	7
31. 我能有好的比赛表现,是源于充分的准备和努力	1	2	3	4	5	6	7
32. 我总想取得好的成绩,让教练和父母为我自豪	1	2	3	4	5	6	7
33. 我认为没有最好,只有更好	1	2	3	4	5	6	7
34. 我遇到问题会主动去解决,而不是逃避	1	2	3	4	5	6	7
35. 随着年龄的增长,我更能领会到教练和队友给予我的支持,他们已成为我生活中的一部分	1	2	3	4	5	6	7
36. 我要通过训练,使我的技术水平达到更高	1	2	3	4	5	6	7
37. 我能冷静地面对困难,因为我信赖自己处理问题的能力	1	2	3	4	5	6	7
38. 比赛失利带给我很多收获,如:清楚了自己的不足	1	2	3	4	5	6	7
39. 我拿好成绩就是想要回报为我付出的人	1	2	3	4	5	6	7

项　目	非常不符合	不符合	比较不符合	说不清楚	比较符合	符合	非常符合
40. 我不过分依赖别人,大部分通过自己的努力实现目标	1	2	3	4	5	6	7
41. 我会给自己设置具有挑战性的目标	1	2	3	4	5	6	7
42. 遇到挫折后,我能很快恢复过来	1	2	3	4	5	6	7
43. 我能承受训练和比赛带来的巨大压力	1	2	3	4	5	6	7
44. 我不会给教练和队友抹黑	1	2	3	4	5	6	7
45. 我会严格要求自己完成每一项训练任务	1	2	3	4	5	6	7
46. 面对强大对手,我也有信心战胜他/她	1	2	3	4	5	6	7
47. 越是有挫折和困难的时候,我越能坚持目标	1	2	3	4	5	6	7
48. 队友受伤时,我会帮助和照顾她/他	1	2	3	4	5	6	7
49. 训练结束后,我还要继续练习	1	2	3	4	5	6	7
50. 我能感受到教练的辛苦,我很想报答他	1	2	3	4	5	6	7

附录2 《运动员积极心理资本》正式量表

性别：　　　　　年龄：　　　　　运动项目：

运动等级：　　　　　　　　运动年限：

最佳比赛成绩：

非常感谢您抽出宝贵的时间参与本次调查，本量表是为了解您的一些心理情况，答案没有对错之分，请根据您的真实感受在适当的分值上画"√"。所有填答内容都将保密，如您想要了解调查结果，可在下方留下您的邮箱

项　目	非常不符合	不符合	比较不符合	说不清楚	比较符合	符合	非常符合
1. 我总能通过自己的努力实现目标	1	2	3	4	5	6	7
2. 就算失败我也会继续努力	1	2	3	4	5	6	7
3. 我常常把遇到的困难看成是一种挑战而不是威胁	1	2	3	4	5	6	7
4. 我很感激教练对我的帮助	1	2	3	4	5	6	7
5. 我会主动积极地完成训练任务来提升自己	1	2	3	4	5	6	7
6. 在赛场上,我相信自己能充分发挥	1	2	3	4	5	6	7
7. 我会尝试多种途径去实现未达成的目标	1	2	3	4	5	6	7
8. 我能承受遇到的困难和挫折	1	2	3	4	5	6	7
9. 比赛的成功,更多来自教练的英明指导	1	2	3	4	5	6	7
10. 比赛结束后,我会给自己设定更高的目标	1	2	3	4	5	6	7
11. 我有实力去参加比赛	1	2	3	4	5	6	7
12. 我会想尽办法适应比赛场地,以确保发挥不受影响	1	2	3	4	5	6	7
13. 遇到挫折时,我不会气馁	1	2	3	4	5	6	7
14. 我很感谢遇到的每个教练	1	2	3	4	5	6	7

项 目	非常不符合	不符合	比较不符合	说不清楚	比较符合	符合	非常符合
15. 我会严格要求自己完成每一项训练任务	1	2	3	4	5	6	7
16. 我对自己的能力很有信心	1	2	3	4	5	6	7
17. 我能有好的比赛表现,是源于充分的准备和努力	1	2	3	4	5	6	7
18. 我遇到问题会主动去解决,而不是逃避	1	2	3	4	5	6	7
19. 随着年龄的增长,我更能领会到教练和队友给予我的支持,他们已成为我生活中的一部分	1	2	3	4	5	6	7
20. 越是有挫折和困难的时候,我越能坚持目标	1	2	3	4	5	6	7
21. 在赛场上我相信我的技术不比别人差	1	2	3	4	5	6	7
22. 我要通过训练,使我的技术水平达到更高	1	2	3	4	5	6	7
23. 我不过分依赖别人,大部分通过自己的努力实现目标	1	2	3	4	5	6	7
24. 队友受伤时,我会帮助和照顾她/他	1	2	3	4	5	6	7
25. 我不满足于现在的水平,想要进一步提高	1	2	3	4	5	6	7
26. 面对强大对手,我也有信心战胜他/她	1	2	3	4	5	6	7
27. 遇到挫折后,我能很快恢复过来	1	2	3	4	5	6	7
28. 我能感受到教练的辛苦,我很想报答他	1	2	3	4	5	6	7
29. 我能承受训练和比赛带来的巨大压力	1	2	3	4	5	6	7
30. 我想取得好成绩回报父母	1	2	3	4	5	6	7

附录3 《运动员心理疲劳》量表

请认真阅读下面每个条目，依据自己的感受程度，在适当的分值上画圈。这里的感受是指你对所经历的训练和比赛的体验。答案没有正确与错误之分，如果还有疑问请提出来。

你在何种程度上这样认为：	从没有	很少	有时	经常	总是
1.在这个运动项目中我做了许多值得欣慰的事情。	1	2	3	4	5
2.训练使我很疲倦以至没有精力去做其他的事。	1	2	3	4	5
3.我花在训练比赛上的努力用来做其他事可能会更好。	1	2	3	4	5
4.在训练、比赛中我感到极度疲劳。	1	2	3	4	5
5.我现在在这个运动项目上没有取得很大收获。	1	2	3	4	5
6.我不像以前那样关心运动成绩了。	1	2	3	4	5
7.我发挥不出自己的运动水平。	1	2	3	4	5
8.我感觉好像要垮掉了。	1	2	3	4	5
9.我不像以前那样喜欢这个运动项目了。	1	2	3	4	5
10.我感觉筋疲力尽。	1	2	3	4	5
11.我不再像以前那样关注在比赛中能否取得胜利。	1	2	3	4	5
12.训练比赛在身心方面的高要求让我疲惫不堪。	1	2	3	4	5
13.好像无论我怎样努力,都达不到我应有的水平。	1	2	3	4	5
14.我感觉自己在这个运动项目上是成功的。	1	2	3	4	5
15.我对这个运动项目反感。	1	2	3	4	5

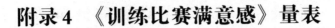

附录4 《训练比赛满意感》量表

以下句子，与您的训练比赛感受有关，您可能同意或不同意，请在每一题旁圈一个数字代表您赞成的程度。1代表您"完全不同意"该句，7代表您"完全同意"该句，其他数字代表1与7之间的不同程度。

	完全不同意					完全同意	
1.在很多方面,我的训练和比赛情况都接近理想。	1	2	3	4	5	6	7
2.我的训练和比赛在各方面都好。	1	2	3	4	5	6	7
3.我对训练和比赛感到满意。	1	2	3	4	5	6	7
4.现在我已经得到了训练和比赛中最重要的东西。	1	2	3	4	5	6	7
5.总的来说,到现在为止,我的训练比赛糟透了。	1	2	3	4	5	6	7
6.如果可以再选择一次,我仍然像现在一样继续训练和比赛。	1	2	3	4	5	6	7

附录5 《运动回避倾向》问卷

请您认真阅读以下句子，并在右栏选择并圈出合适的数字，以描述您自己对运动训练的感受。1代表"完全不同意"，5代表"完全同意"，其他数字表示介于两者之间的不同程度。

	完全不同意			完全同意	
1.后悔不该从事体育运动专业。	1	2	3	4	5
2.如果可以选择，我将改练其他运动项目。	1	2	3	4	5
3.如果可以选择，我将不再训练比赛。	1	2	3	4	5

主要参考文献

曹新美,刘翔平.从习得无助、习得乐观到积极心理学——Seligman对心理学发展的贡献[J].心理科学进展,2008,16(4):562~566.

晁粉芳.大学生心理韧性与人格、社会支持的关系[D].硕士学位论文.东北师范大学.2010.

陈建玮(2018).运动心理资本量表之修订以及对大学网球选手之应用.中国台湾运动心理学报,18(1),21~42.

陈荔.从具身认知视角探讨握拳动作的心理效应[D].博士学位论文.北京体育大学.2014.

仇飞云,刘兵.高水平教练员创新行为作用机制探究——基于AMO理论分析框架[J].山东体育学院学报,2018,034(003):38~43.

董良山,王斌,叶绿,等.运动员感恩的价值及其培养策略分析[J].湖北体育科技,2016,35(8):734~737.

杜七一,柳莹娜.教练员家长式领导对运动员个人主动性的影响——基于自我效能感的中介作用[J].武汉体育学院学报,2016,50(12):83~89.

范兴华,方晓义,陈锋菊,等.农村留守儿童心理资本问卷的编制[J].中国临床心理学杂志,2015,23(1):1~6.

范兴华,余思,彭佳,方晓义.留守儿童生活压力与孤独感、幸福感的关系:心理资本的中介与调节作用[J].心理科学,2017,(2):388~394.

方必基.青少年学生心理资本结构、特点、相关因素及团体干预研究

[D]. 博士学位论文. 福建师范大学,2012.

胡梦梦,皮红英. 护士自我效能感与离职意愿的调查分析[J]. 中华现代护理杂志,2014,49(12):1376~1378.

黄慧. 大学生心理资本与心理健康的相关性研究[D]. 广西师范大学,2011.

惠青山. 中国职工心理资本内容结构及其与态度行为变量关系实证研究[J]. 博士学位论文. 暨南大学,2009.

蒋苏芹,苗元江. 心理资本:积极心理学研究[J]. 赣南师范学院学报,2010(1):108~113.

蒋苏芹. 大学生心理资本的内涵与结构研究[D]. 硕士学位论文. 南昌大学,2010.

蒋越. 退役运动员社会融入的影响因素研究[C]. 第十一届全国体育科学大会论文摘要汇编. 2019.

解缤,姚家新. 专业运动员心理疲劳和心理耗竭的社会学成因分析[J]. 天津体育学院学报,2010,25(3):234~237.

柯江林,孙健敏,李永瑞. 心理资本:本土量表的开发及中西比较[J]. 心理学报,2009,41(9):875~888.

邝宏达,徐礼平,李林英. 教练员心理资本对工作绩效影响的质性研究——以郎平为例[J]. 中国体育科技,2018,(1):57~63,128.

李斌,马红宇,郭永玉. 心理资本作用机制的研究回顾与展望[J]. 心理研究,2014,7(6):53~63.

李冰. 本土情境下员工心理资本量表的重构——基于扎根理论的质性研究[D]. 硕士学位论文. 东北财经大学,2013.

李洁玲,姚家新.运动员心智游移:基于扎根理论的质性研究[J].中国体育科技,2016,52(6):43~50.

李静,刘贺.运动员一般自我效能感与自我设限倾向的关系及竞技压力的调节作用[J].天津体育学院学报,2010,25(3):253~256.

李力,廖晓明.积极心理资本:测量及其与工作投入的关系—基于高校积极组织管理的视角[J].江西社会科学,2011,(12):204~207.

李思瑾,姜红娟,卢家楣.心理资本在孕妇的压力知觉与抑郁间的调节作用[J].中国健康心理学杂志,2020,28(2):283~287.

李晓彧,郭胜忠.心理学视野下的乐观研究[J].太原师范学院学报(社会科学版),2009,8(5):18-2.

李艳博,姜颖,赵莹.积极心理资本干预对妊娠期糖尿病合并抑郁患者生活质量及血糖的影响[J].中国妇幼保健,2017,32(16):3728~3730.

林广波.基于扎根理论的不同职业消费者群体对手机的主观定义与购买意愿关系研究[J].科技视界,2018,258(36):101~102.

林岭.运动性心理疲劳的概念模型、多维检测、影响因素及干预措施[D].博士学位论文.北京体育大学,2006.

刘利.后奥运时代竞技体育运动员感恩观的变迁[M].第五届中国体育博士高层论坛论文集,2014,80~81.

刘训.应激对运动员心理疲劳的影响:一个有中介的调节模型[J].沈阳体育学院学报,2019,38(3),100~105.

娄虎,刘萍,金淑娇.我国优秀运动员心理坚韧性影响因素的质性研究[J].体育科学,2014,34(8):48~55.

娄虎,王进,刘萍."Clutch"运动员特征的概念构图[J].体育科学,

2014,34(6):49~58.

吕旭涛,李巧灵,刘康昱.高水平篮球运动员应对自我效能对其赛前焦虑和心理疲劳的影响[J].武汉体育学院学报,2018,52(11):65~69.

孟万金.论积极心理健康教育[J].教育研究,2008,5(340):41~45.

孟维杰,马甜语.诠释与转换:积极心理健康及其当代理解[J].心理科学,2012,35(1):243~247

彭欧,黄旭,王钢,等.特殊教育教师胜任力对职业幸福感的影响:心理资本的中介作用[J].中国特殊教育,2018,10:51~55.

彭秀.运动员感恩、领悟社会支持与主观幸福感的关系研究[D].硕士学位论文.华中师范大学,2015.

秦剑博,袁爱华.中等强度体能锻炼对大学生自卑心理和心理资本干预效果[J].中国学校卫生,2019,40(5):756~758.

任俊,叶浩生.当代积极心理学运动存在的几个问题[J].心理科学进展,2006,14(5):787~794.

孙锦绣.运动性心理疲劳的ERP和HRV特征[D].博士学位论文.北京体育大学,2010.

孙国晓,张力为.自我决定动机影响运动员心理疲劳:横向与纵向研究的证据[J].体育科学,2013,7(33):21~28.

谭玉森.竞技体育后备人才心理坚韧性、羞怯、自我效能和社会支持的关系[D].硕士学位论文.山东师范大学,2011.

王斌,叶绿,吴敏,冯甜,彭秀.心理坚韧性对运动员倦怠的影响:应对方式的中介作用[J].武汉体育学院学报.2014,48(8):63~68.

王斌,叶绿.感恩对运动员投入的影响:教练员—运动员的中介作用

[J].北京体育大学学报,2014,9(37):85~90.

王超,王永盛.哈佛大学竞技体育核心价值观研究[J].北京体育大学学报,2017,40(1):35~40.

王芳,张辉.高校图书馆员心理资本:概念、测量及其有效性研究[J].中国图书馆学报,2015,41(2):41~55.

王红利.教育研究新范式:扎根理论再审视[J].山西师大学报:社会科学版,2015,42(2):27~130.

王朋飞.四川省优秀运动员总体幸福感调查研究[D].硕士学位论文.成都体育学院,2012.

王希.外部动机内化对运动员心理疲劳的影响[D].硕士学位论文.天津体育学院,2015.

王雁飞,王丽璇,朱瑜.基于资源保存理论视角的心理资本与员工创新行为关系研究[J].商业经济与管理,2019,39(3):40~49.

王雁飞,朱瑜,心理资本理论与相关研究进展[J].外国经济与管理,2007,29(5):32~39.

王智,董蕊.追求卓越表现过程中的教练员-运动员关系:对我国个人项目教练员和运动员的访谈研究[J].中国体育科技,2018,54(5):94~100,107.

魏德样.我国中学体育教师心理资本的理论与实证研究[D].硕士学位论文.福建师范大学,2012.

温金梅.学校体验式心理健康教育有效实施的路径探析[J].教育理论与实践,2018,38(8):22~24.

温娟娟,郑雪,张灵.国外乐观研究评述[J].心理科学进展,2007,15

（1）：129~133.

温磊.企业员工心理资本干预研究[D].硕士学位论文.内蒙古师范大学,2010.

吴伟炯,刘毅,路红,等.本土心理资本与职业幸福感的关系[J].心理学报,2012,44（10）：1349~1370.

肖雯,李林英.大学生心理资本量表的初步编制[J].国临床心理学杂志,2010,6（18）：691~694.

熊猛,叶一舵.积极心理资本的结构、功能及干预研究述评?[J].心理与行为研究,2016（6）：842~849.

熊猛,叶一舵.心理资本：理论、测量、影响因素及作用[J].东师范学院学报,2014（3）：84~92.

杨舒,张忠秋.基于积极心理学的运动员心理卫生研究综述与展望[J].成都体育学院学报,2014,3（40）：69~74.

叶绿,王斌,葛艺,等.运动员感恩对心理疲劳的影响——社会支持与心理坚韧性的链式中介作用[J].体育科学,2016,36（11）：39~49.

叶一舵,方必基.青少年学生心理资本问卷的编制[J].福建师范大学学报哲学社会科学版,2015（2）：35~141.

曾劼.心理资本理论的研究新进展[J].成都师范学院学报,2015,31（1）：19~22.

曾馨莹.运动员职业倦怠、职业认同与心理资本的关系研究[J].文体用品与科技,2019,（4）：4~5.

张景朕.体育舞蹈运动员专项心理能力的结构、测量与现状[D].硕士学位论文.北京体育大学,2015.

张阔,张赛,董颖红.积极心理资本:测量及其与心理健康的关系[J].心理与行为研究,2010,8(1):58~64.

张力为.如何提高自信? 夸大外部动作.《备战奥运会运动员应对新冠肺炎的心理调节》专栏(第四十期).2020年3月22日.

张力为.运动员备战2008年北京奥运会的心理问题[J].北京体育大学学报,2006,29(6):7~11.

张力为.运动员赛前心理状态的自我表述:10项陈述测验的研究[J].中国体育科技,2001,8(37):3~5.

张力为.赛前情绪的因素结构、特质测量及注意特征[M].北京:北京体育大学出版社.2001,117~118.

张力为,毕晓婷.中国艺术体操队北京奥运会备战、参赛的心理训练[J].天津体育学院学报,2009,24(1):12~15.

张力为,毛志雄.体育科学常用心理量表评定手册[M].北京:北京体育大学出版社.2004.

张力为,毛志雄,王进.运动与锻炼心理学研究手册[M].上海:华东师范大学出版社.2020

张力为,梁展鹏.运动员的生活满意感:个人自尊与集体自尊的贡献[J].心理学报,2002,34(2):160~167.

张力为,胡亮.运动心理学:追求卓越与保持健康[J].中国科学院院刊,2012,(s1):141~155.

张连成,李四化,刘羽.运动性心理疲劳的理论研究进展述评[J].体育学刊,2014,21(1):98~103.

张小兰.甘肃移动公司员工心理资本开发与应用研究[D]硕士学位

论文. 兰州大学, 2011.

张忠秋. 高水平运动员运动训练过程的心理监控[J]. 中国体育教练员, 2013,(1):14~18.

郑立勇, 孔燕. 基于心理资本理论视角的现代人力资源管理增值研究[J]. 华东经济管理, 2019, 33(01):156~161.

周文霞, 谢宝国, 辛迅, 等. 人力资本、社会资本和心理资本影响中国员工职业成功的元分析[J]. 心理学报, 2015, 47(2):251~263.

朱健民, 潘国屏. 高水平女子足球运动员心理竞技能力研究[J]. 天津体育学院学报, 2004, 19(1):23~26.

Abbas, M., & Raja, U. (2015). *Impact of Psychological Capital on Innovative Performance and Job Stress*. Canadian Journal of Administrative Sciences/Revue Canadienne Des Sciences De L'administration, 32(2), 128~138.

Alhosseini K A, Abadi F R. *Comparison of the Dimensions of the Psychological Capital of Athlete Women and Non-Athlete* [J]. 2018, 3(2), 82~88.

Avey J. B., Luthans F., Smith R. M. Palmer N. F. (2010). *Impact of Positive Psychological Capital on Employee Well- Being Over Time* [J]. Journal of Occupational Health Psychology, 15(1), 17~28.

Avey, J. B., Luthans, F., & Jensen, S. M. (2009). *Psychological Capital: A Positive Resource for Combating Employee Stress and Turnover*. Human Resource Management, 48(5), 677~693.

Avey, J. B., Luthans, F., & Youssef, C. M. (2010). *The Additive Value of Positive Psychological Capital in Predicting Work Attitudes and Behaviors*. Journal of Management, 36(2), 430~452.

Avey, J. B., Patera, J. L., & West, B. J. (2006). *The Implications of Positive Psychological Capital on Employee Absenteeism*. Journal of Leadership & Organizational Studies, 13(2), 42~60.

Avey, J. B., Reichard, R. J., Luthans, F., & Mhatre, K. H. (2011). *Meta-Analysis of the Impact of Positive Psychological Capital on Employee Attitudes, Behaviors, and Performance*. Human Resource Development Quarterly, 22 (2), 127~152.

Bayramo Lu G, Çahin M. *Positive Psychological Capacity and Its Impacts on Success* [J]. Journal of Advanced Management Science, 2015, 3(2): 154~157.

Bull S. J., Shambrook C. J., James W., Et Al. *Towards an Understanding of Mental Toughness in Elite English Cricketers* [J]. Journal of Applied Sport Psychology. 2002, 14(3): 205~218.

Butt J, Weinberg R, Culp B . *Exploring Mental Toughness in Ncaa Athletes* [J]. Journal of Intercollegiate Sport, 2010, 3(2): 316~332.

Cassidy T., Mclaughlin M., Mcdowell E. *Bullying and Health At Work: The Mediating Roles of Psychological Capital and Social Support*. Work & Stress, 2014, 28(3), 255~269.

Chen L H, Chang Y P. *Cross-Lagged Associations Between Gratitude and Adolescent Athlete Burnout* [J]. Current Psychology, 2014, 33(4): 460~478.

Chen L H, Wu, C H, Chen, S M. *Gratitude and Athletes' Life Satisfaction: A Intra-Individual Analysis on The Moderation of Ambivalence Over Emotional Expression* [J]. Social Indicators Research, 2015, 123(1): 227~239.

Chen L H. *Gratitude and Adolescent Athletes' Well-Being: The Multiple Mediating Roles of Perceived Social Support form Coaches and Teammates* [J]. Social Indicators Research, 2013, 114(2), 273~285.

Cole K, Daly A, Mak A. *Good for The Soul: The Relationship Between Work, Wellbeing and Psychological Capital*[J]. The Journal of Socio-Economics, 2009, 38(3):464~474.

Culbertson, S. S., Fullagar, C. J., & Mills, M. J. (2010). *Feeling Good and Doing Great: The Relationship Between Psychological Capital and Well-Being.* Journal of Occupational Health Psychology, 15(4), 421.

Dello Russo, S., & Stoykova, P. (2015). *Psychological Capital Intervention(Pci): A Replication and Extension.* Human Resource Development Quarterly, 26(3), 329~347.

Gabana, N. T. (2019). *Gratitude in Sport: Positive Psychology for Athletes and Implications for Mental Health, Well-Being, and Performance.* In Theoretical Approaches to Multi-Cultural Positive Psychological Interventions (Pp. 345~370). Springer, Cham.

Gabana, N. T., Steinfeldt, J. A., Wong, Y. J., & Chung, Y. B. (2017). *Gratitude, Burnout, and Sport Satisfaction Among College Student-Athletes: The Mediating Role of Perceived Social Support.* Journal of Clinical Sport Psychology, 11(1), 14~33.

Gabana, N. T., Steinfeldt, J., Wong, Y. J., Chung, Y. B., & Svetina, D. (2019). *Attitude of Gratitude: Exploring The Implementation of a Gratitude Intervention with College Athletes.* Journal of Applied Sport Psychology, 31(3),

273~284.

Goldsmith a H, Veum J R, Darity Jr W. *The Impact of Psychological and Human Capital on Wages* [J]. Economic Inquiry, 1997, 35(4): 815~829.

Gregory S. W., John S. R., Mary E. P.(2002). *Optimism Pessimism and Precompetition Anxiety in College Athletes*. Personality and Individual Differences, 32, 893~902.

Grover, S. L., Teo, S. T., Pick, D., Roche, M., & Newton, C. J.(2018). *Psychological Capital as a Personal Resource in The Jd-R Model*. Personnel Review.

Gucciardi D F, Hanton S, Gordon S, Et Al. *The Concept of Mental Toughness: Tests of Dimensionality, Nomological Network, and Traitness* [J]. Journal of Personality, 2015, 83(1): 26~44.

Gustafsson H, Therése Skoog, Podlog L, Et Al. *Hope and Athlete Burnout: Stress and Affect as Mediators* [J]. Psychology of Sport & Exercise, 2013, 14(5): 640~649.

Hagger M S, Chatzisarantis N L. *A Multilab Preregistered Replication of the Ego-Depletion Effect* [J]. Perspectives on Psychological Science, 2016, 11(4): 546~573.

Harty, B., Gustafsson, J. A., Bj Rkdahl, A., & M Ller, A.(2016). *Group Intervention: A Way to Improve Working Teams' Positive Psychological Capital*. Work, 53(2), 387~398.

Jannah, M., Mintarto, E., Nurhasan, M., & Widohardhono, R.(2018, February). *The Influence of Athlete Students' Psychological Capital on Track and*

Field Performance. In 1st International Conference on Education Innovation (Icei 2017). Atlantis Press.

Jones G, Hanton S, Connaughton D. *A Framework of Mental Toughness in The World's Best Performers.* [J]. Sport Psychologist, 2007, 21(21): 243~264.

Judge T A, Bono J E. *Relationship of Core Self-Evaluations Traits——Self-Esteem, Generalized Self-Efficacy, Locus of Control, and Emotional Stability——With Job Satisfaction and Job Performance: A Meta-Analysis.* [J]. Journal of Applied Psychology, 2001, 86(1): 80~92.

Kim, M., Do Kim, Y., & Lee, H. W. (2020). *It Is Time to Consider Athletes' Well-Being and Performance Satisfaction: The Roles of Authentic Leadership and Psychological Capital.* Sport Management Review. 23(5), 964~977.

Kim, M., Kim, A. C. H., Newman, J. I., Ferris, G. R., & Perrewé, P. L. (2019). *The Antecedents and Consequences of Positive Organizational Behavior: The Role of Psychological Capital for Promoting Employee Well-Being in Sport Organizations.* Sport Management Review, 22(1), 108~125.

Koçak Ç V. *The Relationship Between Self-Efficacy and Athlete Burnout in Elite Volleyball Players.* [J]. Pedagogics, Psychology, Medical-Biological Problems of Physical Training and Sports. 2019; 23(5): 231~8.

Lai, C. P., Hsieh, H. H., Chang, C. M., & Ni, F. T. (2020). *The Role of Psychological Capital in Athletic Performance and Career Development of Adolescent Baseball Players in Taiwan, China.* Sustainability, 12(18), 7652.

Larson M D. *Positive Psychological Capital: A Comparison with Human and Social Capital and an Analysis of a Training Intervention* [J]. Digitalcom-mons@University of Nebraska – Lincoln, 2004.

Letcher L, Niehoof B. *Psychological Capital and Wages: A Behavioral Economic Approach*[R]. Paper Submitted to Be Considered for Presentation at the Midwest Academy of Management, Minneapolis, Mn, 2004.

Li B, Ma H, Guo Y, Et Al. *Positive Psychological Capital: A New Approach to Social Support and Subjective Well-Being* [J]. Social Behavior & Personality an International Journal, 2014, 42(1): 135~144.

Li B., Yu F., Zhou Z. K. (2014). *Positive Psychological Capital: A New Approach to Social Supported Subjective Well-Being.* Social Behavior and Personality, 42(1), 135~144.

Li C, Kawabata M, Zhang L. *Validity and Reliability of the Sport Motivation Scale-Ii for Chinese Athletes*[J]. International Journal of Sport and Exercise Psychology, 2018, 16(1): 51~64.

Lupşa, D., Vîrga, D., Maricuţoiu, L. P., & Rusu, A. (2020). *Increasing Psychological Capital: A Pre-Registered Meta-Analysis of Controlled Interventions.* Applied Psychology, 69(4), 1506~1556.

Luthans F, Avey J B, Avolio B J, Et Al. *Psychological Capital Development: Toward a Micro-Intervention* [J]. Journal of Organizational Behavior, 2006, 27(3): 387~393.

Luthans F, Avolio B J, Avey J B, Et Al. *Positive Psychological Capital: Measurement and Relationship with Performance and Satisfaction.*[J]. Personnel Psychology, 2007, 60(3): 541~572.

Luthans F, Youssef C, Avolio B. *Psychological Capital* [M]. Oxford University Press, 2007.

Luthans F., Carolyn M. Youssef, Bruce J. Avolio, 著. 李超平. 译. *心理资本*[M]. 北京：中国轻工业出版社, 2008.

Luthans F., Jams B. Avey. *The Development and Resulting Performance Impact of Positive Psychological Capital* [J]. Human Resource Development Quarterly, 2010, 21(1): 41 - 67

Luthans K W, Jensen S M. *The Linkage Between Psychological Capital and Commitment to Organizational Mission: A Study of Nurses* [J]. Journal of Nursing Administration, 2005, 35(6): 304.

Luthans, F. *Hope, Optimism, and Other Business Assets: Why "Psychological Capital" is So Valuable to Your Company* [J]. Comportamento Organizacional E Gestão, 2007, 13, 137~142.

Luthans, F., Avey, J. B., & Patera, J. L. (2008). *Experimental Analysis of a Web-Based Training Intervention to Develop Positive Psychological Capital.* Academy of Management Learning & Education, 7(2), 209~221.

Luthans, F., Avey, J. B., Avolio, B. J., Norman, S. M., & Combs, G. M. (2006). *Psychological Capital Development: Toward a Micro - Intervention.* Journal of Organizational Behavior: The International Journal of Industrial, Occupational and Organizational Psychology and Behavior, 27(3), 387~393.

Luthans, F., Avolio, B. J., Avey, J. B., & Norman, S. M. *Positive Psychological Capital: Measurement and Relation-Ship with Performance and Satisfaction* [J]. Personnel Psychology, 2007, 60, 541~572.

Min, C. S., & Hyun, L. D. *The Effects of University Athletes' Tenacity and Positive Psychological Capital on Perceived Performance* [J]. Journal of Sport and Leisure Studies, 2019, 173~182.

Nadia B. M., Nicholas A. Kipper. *Integrating Humor and Positive Psychology Approaches to Psychological Well-Being* [J]. Europe's Journal of Psychology, 2014, 10(3), 557~570.

Page L F, Donohue R. *Positive Psychological Capital: A Preliminary Exploration of the Construct*. Department of Management Working Paper Series [J]. 2004, 51(4): 1~10.

Pang, H., Li, W., Pu, K., & Huang, Z. (2020). *Research on The Main Psychological Factors Influencing Basketball Players' Athletic Performance: The Importance of Psychological Quality*. Revista Argentina De Clínica Psicológica, 29(5), 491.

Próchniak, P. (2020). *Coping with Stress and Pain in Hard and Soft Adventure Mountain Athletes*. Roczniki Psychologiczne, 23(2), 153~172.

Rew, L., Powell, T., Brown, A., Becker, H., & Slesnick, N. (2017). *An Intervention to Enhance Psychological Capital and Health Outcomes in Homeless Female Youths*. Western Journal of Nursing Research, 39(3), 356~373.

Ruser, J. B., Yukhymenko-Lescroart, M. A., Gilbert, J. N., Gilbert, W., & Moore, S. D. (2020). *Gratitude, Coach - Athlete Relationships, and Burnout in Collegiate Student-Athletes*. Journal of Clinical Sport Psychology, 1(Aop), 1~17.

Santos, A. S., Neto, M. T. R., & Verwaal, E. (2018). *Does Cultural Capi-*

tal Matter for Individual Job Performance a Large-Scale Survey of the Impact of Cultural, Social and Psychological Capital on Individual Performance in Brazil. International Journal of Productivity and Performance Management. 67 (8), 1352~1370.

Smith, R. E. Toward a Cognitive-Affective Model of Athlete Burnout [J]. Journal of Sport Psychology, 1986, 8, 36~50.

Song, R., Sun, N., & Song, X.(2019). The Efficacy of Psychological Capital Intervention (Pci) for Depression form The Perspective of Positive Psychology:A Pilot Study. Frontiers in Psychology, 10:1816..

Sorkkila, M., Tolvanen, A., Aunola, K., & Ryba, T. V.(2019). The Role of Resilience in Student-Athletes' Sport and School Burnout and Dropout:A Longitudinal Person-Oriented Study. Scandinavian Journal of Medicine & Science in Sports, 29(7), 1059~1067.

Stephen J. Bull, Christopher J. Shambrook, Wil James, Et Al. Towards an Understanding of Mental Toughness in Elite English Cricketers [J]. Journal of Applied Sport Psychology, 2005, 17(3):209~227.

Suseno, Y., & Gengatharen, D.(2018). The Role of Human Capital, Psychological Capital, Social Capital and Leadership Capital in Building an Athlete's Global Brand Image. International Journal of Sport Management and Marketing, 18(6), 515~534.

Sweetman, D., Luthans, F., Avey, J. B., & Luthans, B. C.(2011). Relationship Between Positive Psychological Capital and Creative Performance. Canadian Journal of Administrative Sciences/Revue Canadienne Des Sciences

De L'administration, 28(1), 4~13.

Tettegah S. *Teachers Identity Psychological Capital and Electronically Mediated Representations of Cultural Consciousness* [R]. In Proceedings of World Conference One Educational Multimedia, Hypermedia and Telecommunications. Chesapeake, Va: Aace, 2002, 1946~1947.

Toor, S. U. R., & Ofori, G. (2010). *Positive Psychological Capital as a Source of Sustainable Competitive Advantage for Organizations*. Journal of Construction Engineering and Management, 136(3), 341~352.

Zhang, X., Li, Y. L., Ma, S., Hu, J., & Jiang, L. (2014). *A Structured Reading Materials-Based Intervention Program to Develop The Psychological Capital of Chinese Employees*. Social Behavior and Personality: An International Journal, 42(3), 503~515.

后记

本书是在天津市哲学社会科学规划研究项目《运动员积极心理资本的构成要素及提升策略研究》结题报告的基础上修改而成的，也是研究团队对运动积极心理资本探索的初步成果。该课题自2016年立项，2020年结项，期间经历了诸多艰辛，也得到了来自教练员、运动员、运动心理学工作者的无私帮助与奉献，在本书即将出版之际，作者也借此机会向所有帮助本研究完成的人员表达谢意。

感谢天津市哲学社会科学工作领导小组办公室，他们的支持保障了本研究的顺利完成。

感谢接受访谈的教练员、运动员，接受调查的运动员。每每看到你们的事迹和话语，都被你们积极的自我效能、追求卓越之精神所鼓舞；面对失败与压力，你们仍然积极乐观；面对成绩与付出，你们总是心怀感恩；面对伤病、困境，你们拥有较强的心理韧性，让困难不值一提。这又何尝不是运动员给我们上的生动一课。

感谢课题组其他成员：吉承恕、赵厚、戴群、唐新月、李春晓、杜聪丽、郑程浩。在课题研究的四年间，团队成员齐心协力，积极奉献。没有课题组的集体努力就没有本书的出版，可以说本书是集体智慧的结晶！

感谢天津人民出版社的李荣编辑对本书的精心编辑。

最后，感谢阅读到本书的每一位读者，您的批评与建议是作者不断进步的动力源泉。

张连成

2021年1月5日于天津体育学院实验楼

Zlc-hhht@163.com